十八洞
社会学考察

陈文胜 ——— 等著

湖南人民出版社

八国小村

图书在版编目（CIP）数据

大国小村 / 陈文胜等著. —长沙：湖南人民出版社，2021.8（2024.8）

ISBN 978-7-5561-2727-6

Ⅰ．①大… Ⅱ．①陈… Ⅲ．①农村—社会主义建设—研究—中国

Ⅳ．①F320.3

中国版本图书馆CIP数据核字（2021）第121589号

DAGUO XIAOCUN

大国小村

著　　者	陈文胜等
责任编辑	吴向红　吴韫丽　杨　纯　贺　娅
装帧设计	肖睿子
责任印制	肖　晖
责任校对	曾诗玉

出版发行	湖南人民出版社［http://www.hnppp.com］
地　　址	长沙市营盘东路3号
邮　　编	41005
经　　销	湖南省新华书店

印　　刷	长沙超峰印刷有限公司
版　　次	2021年8月第1版
印　　次	2024年8月第4次印刷
开　　本	710 mm × 1000 mm　　1/16
印　　张	16
字　　数	178千字
书　　号	ISBN 978-7-5561-2727-6
定　　价	48.00元

营销电话：0731-82221529（如发现印装质量问题请与出版社调换）

序一

陈锡文

在中国共产党成立一百周年之际，习近平总书记向世界庄严宣告，中国脱贫攻坚战取得了全面胜利，现行标准下9899万农村贫困人口全部脱贫，832个贫困县全部摘帽，12.8万个贫困村全部出列，区域性整体贫困得到解决，完成了消除绝对贫困的艰巨任务。

这一庄严宣告，标志着长期以来困扰中华民族的绝对贫困问题，在这代人手里取得了伟大历史性成就。几千年来，不管是大同梦想，还是小康追求；不管是官家赈济，还是善人施救；不管是设置社仓，还是兴办义学；不管是挥汗劳作，还是揭竿起义，无数中华儿女披荆斩棘，栉风沐雨，从未停止过探索摆脱贫困、追求温饱的愿望与行动。这些愿望不可谓不良好，行动不可谓不努力，然而现实总是残酷的，民众饥寒交迫、水深火热的生活总得不到改善。其间或有少数人得偿所愿，或在一时一地能够衣食无忧，惜乎绝大多数人绝大多数时候仍然是衣不蔽体、食不果腹，绝对贫困问题在历史上从未得到过根本性解决。

直到中国共产党成立，整体解决绝对贫困问题才真正迎来曙光。社会主义的本质就是要求消灭贫穷，实现共同富裕。贫穷不是社会主义，如果贫困地区长期贫困，面貌长期得不到改变，群众生活水平长期得不到明显提高，就无法体现我国社会主义制度的优越性。为此，一代又一代中国共产党人团结带领中国人民接续奋斗，不断与贫困作斗争，取得了一个又一个伟大成就。

党的十八大以来，离设定的全面建成小康社会的时间越来越接近，消灭绝对贫困的任务越来越迫切。以习近平同志为核心的党中央，把脱贫攻坚摆在治国理政的突出位置，把脱贫攻坚作为全面建成小康社会的底线任务，组织开展了广泛深入的脱贫攻坚人民战争，攻克了无数贫中之贫、坚中之坚。中国共产党领导人民用百年奋斗之精神，以百倍努力之付出，依托人民之伟力，成就百年之伟业，实现了自己的庄严承诺，创造了人类减贫史上的奇迹。

回望脱贫攻坚伟大历程，"看似寻常最奇崛，成如容易却艰辛"。9899万农村贫困人口每一个人都书写了自己的脱贫故事，832个贫困县每一个县都走出了自己的脱贫道路，12.8万贫困村每一个村都创造了自己的脱贫奇迹。这其中，获得"全国脱贫攻坚楷模"的十八洞村，更是在这段波澜壮阔的脱贫攻坚史上留下了自己浓墨重彩的一笔。

2013年11月3日，习近平总书记翻山越岭、风尘仆仆走进湘西大山深处，来到苗寨十八洞村访贫问苦。他在这里首次提出"精准扶贫"重要理念，并在座谈中作出"实事求是、因地制宜、分类指导、精准扶贫"的重要指示。从此，十八洞村的历史翻开了新的一页，按照习近平总书记擘画的蓝图，依靠党和政府的引领和社会帮扶，全村上下撸起袖子加油干，短短三年时间，便成功告别了贫困，实现了祖祖辈辈孜孜以求的梦想，走上了一条具有典型意义的脱贫致富的康庄大道。

为了记录、研究、阐释十八洞村的发展道路，湖南师范大学中国乡村振兴研究院院长陈文胜教授领衔带领数位专家学者，深入十八洞村走访、调查、研究、总结，历经数月之久，最终合力撰写了这部《大国小村》著作。该书对十八洞村展开了全景式、立体化的描述，通过对驻村扶贫工作队、产业变迁与经济重构、村庄治理、苗寨文化、苗寨社会结构、苗寨环境等方面多维一体的分析，详细呈现了国家脱贫攻坚战略在一个村寨的落地生根与开花结果，生动刻画了十八洞村人摆脱贫困、奔向小康的历史缩影与现实样本，深刻反映了贫困地区脱贫致富的内在要求与基本规律。

该书写作风格情理交融、小中见大，在兼顾故事性与理论性、学术性与通俗性、生动性与严肃性等方面作了有益的尝试，为了解十八洞村人的奋斗故事提供了一个身临其境的观察窗口，也为十八洞村乃至全国农村继续巩固脱贫攻坚成果、推进乡村振兴、走向美好生活、实现共同富裕提供了鲜活的经验启示。

是为序。

（作者系全国人大常委、农业与农村委员会主任委员）

序二

李小云

　　消除贫困是中华民族一百多年以来强国富民的现代化诉求，摆脱贫困是贯穿近代到现代整个历史进程的主旋律。在中国共产党成立一百周年之际，中国实现了中华民族一百多年以来追求的摆脱贫困的目标。这是中国历史上的伟大实践。中国共产党在领导中国革命和社会主义建设的过程中不断推进中国的现代化进程。在这样一个过程中，中国共产党始终不忘初心和历史使命，强调共同富裕的理念，把实现共同富裕作为推动中国现代化进程的重要目标。脱贫攻坚是中国共产党追求共同富裕目标的伟大发展实践。2013年11月3日，习近平总书记在湖南湘西十八洞村首次提出精准扶贫的思想，开启了脱贫攻坚的伟大进程。十八洞村是全国12.8万个贫困村的代表，十八洞村的脱贫故事是中国摆脱绝对贫困故事的一个缩影。十八洞村和全国其他贫困村如期实现脱贫，有力地彰显了中国特色社会主义现代化道路的制度优势，彰显了中国共产党"不忘初心、牢记使命"的理想信念，彰显了中国人民与贫困做斗争的顽强精神，也彰显了中国依靠创新实现脱贫的科学路径。总结提炼十八洞村脱贫的机制，对于我们认识脱贫攻坚伟大成就的机制具有重要的现实意义和历史意义，对于全球的减贫事业也具有重要的指导意义。

十八洞村位于全国集中连片特困地区的武陵山腹地。2013年之前，全村仅靠一条沙土小道与外部连接。村内饮水仅依靠几个天然水井，全村没有稳定的供电。2011年，全村人均纯收入只有1280元，贫困发生率高达57%。2013年11月3日，习近平总书记来到十八洞村，明确提出了精准扶贫的十六字方针——"实事求是、因地制宜、分类指导、精准扶贫"。在精准扶贫战略的推动下，十八洞村发生了翻天覆地的变化。到2019年底，村民人均纯收入达到14668元，村庄面貌发生了根本性改变。十八洞村之所以能够取得这样的变化，得益于精准扶贫战略的推动。

陈文胜等同志所写的《大国小村》一书，将十八洞村的变迁放置在大国百年变局的新格局下，对十八洞村在脱贫攻坚中的变化机制进行了梳理，是一本全面书写乡村变迁的优秀著作。

在本书中，作者从不同层面对十八洞村的脱贫机制进行了梳理。人力资源的缺乏使得十八洞村处于封闭的内循环中，输入外部的人力资源成了打破贫困堡垒的重要举措。为此，花垣县组建了一支精干的扶贫工作队。工作队每月驻村工作时间超过20天。他们与村民同吃同住同工作，与村民一道分析贫困的原因，探索脱贫的道路。正是工作队与村民的共同努力，带来了十八洞村的巨变。与全国其他贫困村一样，长期以来十八洞村以农业为主，产业单一是其收入低的主要原因。在脱贫攻坚过程中，十八洞村充分挖掘比较优势，在发展原有农业产业的基础之上，优化农业产业结构，形成了产业多元化、新业态蓬勃发展的新型产业结构，大幅提升了十八洞村的经济水平和村民的年收入。

十八洞村实现脱贫的另一个重要机制是加强党支部建设，推进"互助五兴"，以支部建设带动"互助五兴"，以"互助五兴"带动经济建设、政治建设、文化建设、社会建设、生态文明建设的多元治理模式。十八洞村的脱贫不仅仅聚焦于产业的发展和收入的提升，在发展旅游产业的过程中，还将苗族文化融入旅游产业的发展竞争中。这些文化遗产一方面成了旅游产业的重要资源，另一方面又通过旅游产业的带动保护和丰富了苗族的文化遗产。在脱贫攻坚的过程中，一个传统的苗族村寨同时也经历了社会关系的变迁，苗族村民的传统思想观念开始发生变化，现代的市场组织形态开始植入传统的社会文化体系中。村民契约意识的增加使得传统的社会资本得到了加强，现代的组织形态开始取代传统互助形式的组织形态。家族势力干预乡村治理的现象基本消除，十八洞村开始具备现代社会的特征，实现了一个传统社会向现代社会的快速转型。

十八洞村的变化是综合的。一个原本封闭的、与世隔绝的落后村寨建起了现代化的道路，破败不堪的村民住宅被富有民族特色的新住房取代，厕所革命、污水处理、垃圾处理……村庄的人居环境发生了巨大的变化。在这样一个过程中，十八洞村修旧如旧，始终保持民族风格；不搞大拆大建，不搞标新立异，不建高楼大厦，不建小洋楼。十八洞村在变化中不失乡村本色，在脱贫中不显奢侈与豪华。

十八洞村的脱贫模式是可复制、可推广的。这主要是因为十八洞村按照习近平总书记的基本要求：不搞盆景，不搭风景，不搞特殊化，也没有把全县的资金都挤在十八洞村，而是在脱贫攻坚的过程中把党的领导贯穿脱贫攻坚的全过程，通过发挥社会主义的制度优势和共产党的政党优势，突出超越利益群体的引领作用。在内生动力激发上不搞空洞说教，注意典型引路与正向激励相结合；在发展扶贫产业上不搞大包大揽，注重统筹布局与因地制宜相结合；在基础设施建设上不搞大拆大建，注重留住乡愁与彰显魅力相结合；在攻坚力量统筹上不搞孤军奋战，注重发挥基层党组织堡垒作用与党员干部先锋作用相结合。十八洞村的经验得到了习近平总书记的批示肯定，被称为可复制、可推广的精准扶贫湘西经验。

陈文胜等同志长期坚持乡村调查，他们的研究根植中国乡村的实地，对于中国乡村既有深厚的感情，又有丰富的经验。他们以《大国小村》的书名梳理十八洞村脱贫攻坚变化，呈现了作者立足中国乡村大地，书写中国乡村变迁的学术情怀。通读此书，也是在学习和了解中国乡村变迁的叙事。我以此短文，为本书写一个普通读者的感想，并以此与作者和读者共同探讨。

（作者系中国农业大学文科讲席教授，教育部社会科学委员会委员）

目　录

导　语

　　消除贫困，自古以来便是人类社会的共同追求，而大同小康之梦，是中华民族延续了两千五百多年的社会理想和奋斗目标。党的十八大以来，党中央把脱贫攻坚作为全面建成小康社会的标志性工程，推进了人类历史上规模空前、力度最大、惠及人口最多的脱贫攻坚战，历史性地终结了困扰中华民族几千年的绝对贫困问题，中国扶贫事业被誉为"人类历史上最伟大的事件之一"，足以载入人类社会的发展史册。在中华民族伟大复兴关键时期、世界百年未有之大变局时代，十八洞村作为中华民族发展史上具有里程碑意义的"精准扶贫"历史地标，浓缩了这个超长历史、超大国土、超多人口的社会主义大国消除农村绝对贫困现象和贫困根源的社会变革，清晰地呈现了精准扶贫给中国几千万农村贫困人口带来命运变化的现实图景，生动地诠释了"中国奇迹"创造的制度逻辑，无疑是世界减贫史上这一"中国奇迹"的缩影。

一、大国百年变局

自鸦片战争以来，中国的历史逻辑与消除贫困实现民族复兴紧密相连，强国富民的现代化诉求是一条贯穿近代到现当代整个历史进程的主线。因为不消除贫困实现强国富民，就没有民族的现代化；不改变贫困落后的状况，就难以实现民族的复兴。尤其是近代以来，积贫积弱、落后挨打的历史现实，形成了"中国为什么不行"的百年话语体系，西方发达国家成为中国现代化的主要参照。

从中国共产党成立之日起，中国共产党人就确立了为中国人民谋幸福、为中华民族谋复兴的初心和使命。消除贫困，让全国人民同步小康，是中国共产党人向中国人民做出的庄严承诺，也是中国共产党人肩负的神圣使命。新中国成立前夕，毛泽东在西柏坡召开的党的七届二中全会上提出"使中国由农业国变为工业国"[①]的现代化目标；新中国成立后，强调要"使全体农村人民共同富裕起来"，"而这个富，是共同的富，这个强，是共同的强，大家都有份"[②]。改革开放后，邓小平明确提出"贫穷不是社会主义"，

[①] 《毛泽东选集》（第三卷），人民出版社1991年版，第1081页。

[②] 《毛泽东文集》（第六卷），人民出版社1999年版，第495页。

认为当时中国是"十亿多人口，八亿在农村"的人口大国，是"基本上还是用手工工具搞饭吃"的贫穷大国①，因此提出"中国经济能不能发展，首先看农村能不能发展"②，因为"农民没有摆脱贫困，就是我国没有摆脱贫困"③。最大限度地发展和解放生产力，更快地解决温饱、摆脱贫穷，"告别饥饿，告别短缺"，就成了推进中国改革开放的社会共识。

党的十一届三中全会后推进的改革，目标首先指向了贫困的农村。1985年，新中国第一次出现农村消费占全国绝对比重的态势，农村社会商品零售总额占全国的64%。④作为那个年代风云人物的"万元户"，大都来自贫困落后的农村。农民能获得如此大的改革红利，在中国乃至世界历史上都前所未有。改革激发了中国社会前所未有的内生动力，不仅使中国以占全球7%的土地养活了约占全世界20%的人口，成功地解决了全中国人的温饱问题，实现了全球人口大国由贫穷到温饱、再由温饱到基本小康的历史跨越，也使中国在20世纪90年代中期成了全球最大的纺织品生产国和出口国，中国制造业逐渐形成。

随着中国全面进入工业化、城镇化发展阶段，党的十五大报告强调"坚持把农业放在经济工作的首位"⑤，党的十六大报告首次提

---

① 《邓小平文选（1975—1982）》，人民出版社1993年版，第64页。

② 《邓小平文选》（第三卷），人民出版社1993年版，第77—78页。

③ 《邓小平文选》（第三卷），人民出版社1993年版，第237页。

④ 陈文胜：《中央一号文件的"三农"政策变迁与未来趋向》，《农村经济》2017年第8期。

⑤ 江泽民：《在中国共产党第十五次全国代表大会上的报告》，《人民日报》1997年9月22日。

出城乡统筹发展。2003年召开的中央农村工作会议，首次提出"把解决好农业、农村和农民问题作为全党工作的重中之重"[1]。2004年召开的党的十六届四中全会提出"两个趋向"的重大历史论断[2]，强调中国总体上已经到了以工促农、以城带乡的发展阶段，必须实行工业反哺农业、城市支持农村的方针。2006年，中国全面取消农业税，终结了两千多年的"皇粮国税"，从而破解了中国几千年来未能解决的最大的"三农"问题——农业税赋问题。党的十七大首次提出"城乡经济社会发展一体化"[3]。它成为中国工农城乡关系发生历史性变动的伟大里程碑，标志着自洋务运动以来以农养政、以农补工、以乡补城的历史正式终结，中国的经济社会发展开始进入工业反哺农业、城市支持农村、财政补贴农民的新时代。

没有中国农业农村的现代化，就没有中国的全面现代化。历史的新方位处于既要全面建成小康社会，又要乘势而上开启全面建设社会主义现代化国家新征程的交会处。党的十八大以来，习近平总书记反复强调，"消除贫困、改善民生、逐步实现共同富裕，是社会主义的本质要求，是我们党的重要使命"[4]，而全面建成小康社会，实现第一个百年奋斗目标，"最艰巨最繁重的任务在农村特别是农村贫困地区"[5]，因此明确提出"小康不小康，关键看老

---

① 《十六大以来重要文献选编》（上），中央文献出版社2005年版，第112页。

② 《十六大以来重要文献选编》（中），中央文献出版社2006年版，第311页。

③ 胡锦涛：《在中国共产党第十七次全国代表大会上的报告》，《人民日报》2007年10月25日。

④ 《十八大以来重要文献选编》（下），中央文献出版社2018年版，第31页。

⑤ 习近平：《在十八届中央政治局第二十二次集体学习时的讲话》，《人民日报》2015年5月2日。

乡"，要求必须把广大的农村地区作为脱贫攻坚、全面建成小康社会的主战场，纳入"五位一体"总体布局和"四个全面"战略布局进行决策部署，从而使脱贫攻坚处于治国理政的中心地位。

一个社会的公平正义，取决于制度底线的刻度。2013年11月3日，习近平总书记在湖南湘西十八洞村首次提出了"精准扶贫"思想，这是在中国经济社会结构趋向于不利于减贫的条件下，发挥社会主义的制度优势和中国共产党的政党优势，突出超越利益群体的引领作用，实施立足社会公平正义的政治行动。2014年以来，按党中央精准扶贫、精准脱贫的基本方略统一部署进行"终极决战"，全国组织80多万人进村入户，共识别贫困村12.8万个、贫困户2948万个、贫困人口8962万（涉及832个贫困县、面积总和占全国国土面积一半），派出25.5万个驻村扶贫工作队，派出43.5万名优秀干部到贫困村和基层党组织薄弱涣散村担任第一书记，有277.8万名干部驻村帮扶，[①]每年减贫人口都在1200万人以上。到2020年，我国如期跨越全面建成小康社会的"最后一公里"，完成了现行标准下农村贫困人口全部脱贫、贫困县全部摘帽。这一历史性壮举，有力地彰显了中国特色社会主义现代化发展道路的制度优势，谱写了人类反贫困史上的辉煌篇章。

在向第二个百年奋斗目标迈进的历史关口，党的十九届五中全会进一步把全体人民共同富裕取得更为明显的实质性进展作为远景目标明确提出来，[②]从全面建成小康社会到基本实现现代化、再到

---

① 黄俊毅：《精准扶贫创造人间奇迹》，《经济日报》2019 年 11 月 01 日。
② 《中国共产党第十九届中央委员会第五次全体会议公报》，《人民日报》2020 年 10 月 30 日。

全面建成社会主义现代化强国的战略安排出发，要求以农业农村优先发展为原则全面推进乡村振兴，实现从优先满足工业化和城镇化到优先满足农业农村发展的又一个工农城乡关系历史转轨，以确保在现代化进程中农民不缺席、乡村不掉队、农业不拖后腿。党中央明确乡村振兴战略的时间表、路线图是："到2020年，乡村振兴取得重要进展，制度框架和政策体系基本形成；到2035年，乡村振兴取得决定性进展，农业农村现代化基本实现；到2050年，乡村全面振兴，农业强、农村美、农民富全面实现。"[①]顺应了中国现代化的发展主线，标志着中国社会发展正在向更高级阶段演进。

正如马克思、恩格斯所指出的，对传统社会来说，社会整体变迁意义上的进步莫过于城市社会取代农业社会。[②]对于这场具有划时代意义的历史事件，最为根本性的变化，就是快速推进的中国现代化正将具有几千年农耕文明的农业社会带入以现代、后现代为主要特质的工商业社会，乡土中国正在不断被城市中国所取代。中国城镇化率从1978年的17.9%到2020年超过60%，按照目前发展趋势预测，到2030年城镇化率还将进一步达到65%，2050年可能超过70%。改革开放以来，有相当于美国人口规模的 3 亿多农民成为市民，当前还有接近美国人口规模的2.9亿多农民工在城镇就业，以城镇为主的人口分布新格局已经基本形成，这突出地表明了中国社会主义现代化已经进入新发展阶段。

从改革开放到今天，中国作为占世界总人口22%的人口大国，

---

① 《中共中央国务院关于实施乡村振兴战略的意见》，《人民日报》2018 年 2 月 5 日。
② 《马克思恩格斯全集》（第三卷），人民出版社 1960 年版，第 41 页。

实现了由贫穷到温饱、再由温饱到基本小康向全面小康的历史跨越。从20世纪90年代初至今，世界上每减少3个饥饿人口，就有2个是中国人；[①]全世界每10人脱贫，就有7个来自中国，中国减贫人口占同期全球减贫人口总数的70%以上。按照人均纯收入2300元（按2010年不变价计算）的国家扶贫标准，1978年末中国农村绝对贫困人口规模为7.7亿人，到2020年末农村绝对贫困人口全部脱贫。从1978年到2020年，中国农村绝对贫困人口减少7.7亿人，仅"十三五"时期就有5575万农村贫困人口实现脱贫，是全球唯一提前实现联合国千年发展目标中"贫困人口比例减半"的国家，也是提前10年实现联合国2030年可持续发展议程确定的减贫目标的国家，创造了世界减贫史上的历史奇迹。[②]从1978年人均GDP全球倒数第2位（仅是印度人均GDP的三分之二）、人均收入只有非洲撒哈拉沙漠以南国家人均收入三分之一的国家，到2019年人均GDP达到10276美元，比中等偏上收入国家的平均水平（9040美元）高出13.7%，接近高收入国家分组的下限水平（12235美元），[③]成为全球最大工业生产国和农产品生产国的世界第二大经济体，人类史上还没有发生过这样壮观的历史事件。

作为人类史上最壮丽的发展奇迹，中国特色社会主义现代化建设明显不同于历史上西方工业化、城镇化的现代化道路，从而超越了西方的发展范式，成为全球现代化进程中的"中国经验""中国

---

① 张晓东等：《中国减贫模式具有世界意义》，《人民日报》2015年10月28日。
② 张远新：《中国贫困治理的世界贡献及世界意义》，《红旗文稿》2020年第22期。
③ 蔡昉：《科学把握新发展阶段》，《人民日报》2020年11月25日。

智慧""中国方案"。这不仅颠覆了自鸦片战争以来积贫积弱时代"中国为什么不行"的话语体系，而且为世界现代化提供了中国范本，使西方发达国家不再是全球现代化唯一的参照体系。因此，实现了从中国看世界的"中国为什么不行"到从世界看中国的"中国为什么行"的历史转换，这是中国历史上的百年大变局。

二、现代化进程中的传统村落：十八洞村

按照国家《乡村振兴战略规划（2018—2022年）》中的乡村分类，湖南省湘西土家族苗族自治州花垣县的十八洞村是一个非常明显的传统村落，属于"特色保护类村庄"，是国家级贫困县花垣县的纯苗族聚居村，原生村民均系苗族人。传说古夜郎国人打了败仗后逃到这里，发现了一个能容纳数万人的大溶洞，且洞内有十八个洞洞相连的天然溶洞，故名夜郎十八洞。在2005年撤乡并村时，所在地的竹子村和飞虫村合并，因而取名"十八洞村"，下辖梨子寨、当戎寨、竹子寨和飞虫寨4个自然寨共6个村民小组，共225户939人。

十八洞村总面积约9.4平方公里，位于全国集中连片特困地区之一的武陵山腹地，在云贵高原东部边缘的高寒山区，平均海拔700

米，最高海拔为莲台山，约1059米。村内地形复杂，属于高山熔岩的喀斯特地貌，有壁立千仞的奇峰，有深不可测的峡谷，有奇形怪状的溶洞。全村耕地面积817亩，占全村总面积的6%，其中旱土200亩、水田617亩，大部分位于海拔700米的山区地段；林地11093亩，占总面积的78%，是典型的山多地少的偏远山区。

虽然山奇水秀，但因群山阻隔，交通闭塞，在2013年前的很长一段时间，寨子交通仅靠一条砂土小道与外界连接，且路面坑坑洼洼、崎岖不平，村民要步行一个半小时才能到达镇上。村寨的梯田无法进行机械化种植，收割后全靠肩挑背扛运粮食。村内饮水依靠几个天然水井，取水需要长时间排队等候。全村没有进行电网改造，用电极不稳定，因为经常停电，村民大多数时候还是靠蜡烛甚至火把照明。宽带网络没有进村，绝大多数村民没有家电，通信更是处于原始状态。寨子里的村舍主要是黑瓦木板房，虽独具特色，但都在山顶顺着山势错落铺开，高高低低，必须爬梯级才能到达各家各户。屋内设施简陋，既不挡风也不保暖。

表0-1　2011—2013年十八洞村人均纯收入与县、州、省、国平均水平对比

年份	人均纯收入（元）	人均纯收入占全县比(%)	人均纯收入占全州比(%)	人均纯收入占全省比(%)	人均纯收入占全国比(%)
2011	1280	33.77	34.84	19.49	18.35
2012	1417	32.56	33.1	19.05	17.9
2013	1668	41	31.71	19.92	18.75

数据来源：花垣县扶贫办

由于无法从根本上解决自身的贫困问题，虽经过几轮扶贫，十八洞村却始终处于深度贫困之中，与村外的发展差距也越拉越大，成了扶贫攻坚中一块难啃的"硬骨头"。统计资料显示，2011年，十八洞村人均纯收入为1280元，分别是所在地花垣县农民人均纯收入3790元、湖南省农民人均纯收入6567元、全国农民人均纯收入6977元的33.77%、19.49%、18.35%。2013年，花垣县农民人均纯收入为4903元，湖南省农民人均纯收入为8372元，全国农民人均纯收入为8896元，而十八洞村人均纯收入为1668元，贫困发生率高达57%，建档立卡的贫困户136户，贫困人口533人，全村半数以上人口被列为贫困群体，文化程度大多以小学、初中文化为主。

"三沟两岔山旯旮，红薯洋芋苞谷粑，要想吃顿大米饭，除非生病有娃娃。"这首苗歌唱出了十八洞村当时的贫穷与落后。2013年，全村人均耕地0.83亩，以种植业、养殖业为主，主要种植水稻、玉米、烤烟等农作物，养殖生猪、山羊，生产基本只能实现自给自足，满足市场需求的比例很少。村民收入的主要来源是外出务工。2014年，全村共有劳动力540人，其中青壮年劳动力常年在外务工的有230人，占劳动力比重的42.6%，多在浙江省和广东省从事五金制造行业和电子产品加工行业；村庄留守人口以儿童、老人、妇女居多，其中老年人口特别是女性老年人口多属于文盲或半文盲，其中文盲150人。

按照村干部的说法，"长得乖一点的走了，有一点文化的走了，有一点技术的走了"，寨子里晚上只有小孩的哭声、老人的骂声和狗叫声，形成了"挂了锁的空房子是三分之一，土地荒了三分之一，光棍占了男劳动力的三分之一"的"三分天下"格局。因为贫穷，本村女性选择外嫁，而外村女孩不愿意嫁到本村。小伙子在外谈女朋友都不愿往家里带，害怕吓跑了人家。正如苗歌里唱的："有女莫嫁梨子寨，一年四季吃野菜，山高沟深路难走，嫁去后悔一辈子。"2013年底，全村40岁以上的单身汉多达38人。"没有老婆家庭空，没有人气寨子空，没有思想脑子空，没有产业口袋空"的"四大皆空"，"赌鬼、懒鬼、酒鬼、大鬼、小鬼"的"五鬼守家"，是当时的现实图景。

三、总书记进村

"不了解农村，不了解贫困地区，不了解农民尤其是贫困农民，就不会真正了解中国，就不能真正懂得中国，更不可能治理好中国。"①2013年11月3日，习近平总书记来到湘西大山深处的十八洞村，首次提出"精准扶贫"这一重要理念。

习近平总书记深入苗寨访贫问苦，同村民们围坐一起共商如何摆脱贫困："发展是甩掉贫困帽子的总办法，贫困地区要从实际出发，因地制宜，把种什么、养什么、从哪里增收想明白，帮助乡亲

---

① 《习近平扶贫论述摘编》，中央文献出版社2018年版，第5页。

们寻找脱贫致富的好路子"，"发展生产的过程中间要搞好技术培训，不要一说搞培训就叫大家炒回锅肉，大家都去开餐馆，赚谁的钱去呢？"他强调要因地制宜地发展生产，贫困不是社会主义，不能老是这么贫困下去。把种什么养什么想明白，让老百姓尽快地富起来；要提供好基本的公共服务，就是老百姓需要我们提供什么东西，我们就尽可能地满足老百姓生产生活的需要；要重视教育，不让贫困群众的下一代输在起跑线上。

习近平总书记明确提出"精准扶贫"十六字要求——"实事求是、因地制宜、分类指导、精准扶贫"，明确要求"不栽盆景，不搭风景""不搞特殊化，但不能没有变化"，不仅要自身实现脱贫，还要探索"可复制、可推广"的脱贫经验。[①]

习近平总书记提出的"精准扶贫"重要论述，围绕不愁吃、不愁穿的"两不愁"与义务教育、基本医疗、住房安全"三保障"目标，全面阐述了"扶持谁""谁来扶""怎么扶""如何退"四大核心问题，实现了中国扶贫从"大水漫灌"式的"开发扶贫"向"精准滴灌"式的"精准扶贫"转轨。

就这样，2013年11月3日，中国脱贫攻坚战在十八洞村拉开了精准扶贫、精准脱贫的序幕，打响了"啃硬骨头、攻坚拔寨"全面决战。"贫困家底"首次实现到村、到户、到人，对"贫中之贫""困中之困"进行精确瞄准、靶向治疗，将瞄准到施策再到评估整合为一个系统，形成了迄今为止最为系统的科学减贫战略和政

---

① 汪晓东、张炜、颜珂、赵丹彤：《总书记带领我们"精准脱贫"》，《人民日报》2018年10月5日。

策框架，从而构成了中国扶贫最有成效的创新实践体系，①十八洞村从此成为首倡"精准扶贫"的历史地标。

在这个"被压缩"了的时空里，十八洞村从2013年到2016年，人均收入从1668元增加到8313元，136户贫困户、533位村民全部告别贫困。2017年2月，十八洞村成为湖南第一批脱贫摘帽村。到2019年，村民人均纯收入跃升至14668元，比全国贫困地区农村居民人均收入高出3101元，村集体经济从空白发展到集体收入超过120万元，全村大龄青年全部脱单。作为精准扶贫、精准脱贫的成功案例和生动实践，十八洞村先后被评为"全国先进基层党组织""全国少数民族特色村寨""全国乡村旅游示范村""全国文明村""全省脱贫攻坚示范村"，在2021年2月25日召开的全国脱贫攻坚总结表彰大会上荣获"全国脱贫攻坚楷模"荣誉称号。

在这个"被压缩"了的时空里，十八洞村"精准扶贫"的做法在全社会引发了强烈反响，国内外参观学习者纷至沓来。2018年6月2日，老挝人民革命党中央总书记、国家主席本扬率党政高层代表团赶赴十八洞村，学习十八洞村脱贫经验。2019年农历大年三十，习近平总书记对"在扶贫对象识别上，不搞暗箱操作，注重公开公平与群众满意相结合；在内生动力激发上，不搞空洞说教，注重典型引路与正向激励相结合；在发展扶贫产业上，不搞大包大揽，注重统筹布局与因地制宜相结合；在基础设施建设上，不搞大拆大建，注重留住乡愁与彰显美丽相结合；在攻坚力量统筹上，不

---

① 李小云、徐进、于乐荣：《中国减贫的基本经验》，《南京农业大学学报（社会科学版）》2020年4期。

搞孤军奋战，注重发挥基层党组织堡垒作用和党员干部先锋作用相结合"的十八洞村模式和经验，作出了高度肯定的重要批示。

在这个"被压缩"了的时空里，十八洞村短短几年时间发生了从深度贫困到生活宽裕、从闭塞落后到现代"醉美乡村"的历史巨变。"鱼儿回来了，虫儿回来了，鸟儿回来了，打工的人回来了，外面的人来了"，现代化的邮局、超市、银行、农家乐等也在传统苗寨相继建立，昔日泥泞的土路换成了青石板和沥青路，来自天南地北的游客越来越多。古老的苗寨，天更蓝了，山更绿了，水更清了，村更古了，心更齐了，人更美了。

2016年，十八洞村先后被住建部评选为第三批美丽宜居村庄和第四批中国传统村落；2017年，入选第二批中国少数民族特色村寨；2018年，被列入中央财政支持范围的传统村落名单。

第一章

扶贫工作队

　　十八洞村之所以贫困落后，不仅仅是因为其地理位置偏远、自然条件恶劣和资源要素匮乏，更重要的是信息闭塞、观念落后、精神丧失和人力资源稀缺。当贫困成为封闭的因果内循环后，十八洞村要想脱贫，就需要通过外部输血来刺激内部因素，从而打破贫困的堡垒。

一、政府干部驻村

政治路线决定之后，干部就是决定性的因素。针对"谁来扶"的问题，花垣县围绕"切实落实领导责任""增强内生动力"，决定从县直相关职能部门抽调精干力量，组建一支精干的十八洞村扶贫工作队，要求每月驻村不少于20天、宿村不少于15晚，与村民同吃、同住、同工作，以期实现"情况在一线了解、问题在一线解决、感情在一线连接"，使扶贫工作队成为脱贫攻坚的领路人、宣传队、催化剂。

1. 量体裁衣选好驻村干部

不同的干部派下去，工作的效果也会千差万别。选派驻村扶贫工作队干部要做到精准派人，关键是要坚持因村选人组队。中共花垣县委的做法是，把熟悉党群工作的干部派到基层组织软弱涣散、战斗力不强的贫困村，把熟悉经济工作的干部派到产业基础薄弱、集体经济脆弱的贫困村，把熟悉社会工作的干部派到矛盾纠纷突出、社会发育滞后的贫困村，充分发挥派出单位和驻村干部自身优势，帮助贫困村解决脱贫攻坚面临的突出困难和问题。

在配备驻村扶贫工作队队长和干部时，花垣县的基本要求是：熟悉农村工作、热爱农村工作，讲规矩、有思想和肯干，也就是党的十九大报告中提出的"懂农业、爱农村、爱农民"的新时代"三农"队伍标准要求；看主观态度，愿不愿意、热不热情、有没有决心和信心，有没有脚上沾满泥土、吃苦耐劳的服务意识；结合村庄脱贫攻坚的阶段特点，选派适合这个阶段的干部，同时还要根据村庄脱贫攻坚面临的阶段性任务适时进行动态调整。

花垣县先后派遣了三任十八洞村驻村扶贫工作队，第一任工作队6人，平均年龄34.7岁，都是中共党员、苗族干部；队长龙秀林是县委宣传部副部长，选派时43岁。第二任工作队8人，平均年龄38.7岁，均为中共党员，除湘西土家族苗族自治州选派的第一书记为汉族外，其余都是苗族干部；队长石登高为县财政局干部，选派时43岁。第三任工作队8人，平均年龄34岁，6人为中共党员，2人为入党积极分子；2人为汉族，4人为苗族，2人为土家族；队长麻辉煌为双龙镇人民政府镇长，选派时39岁。

表1-1　十八洞村驻村扶贫工作队成员构成

工作队	平均年龄	工作队人数	队员民族构成	队员政治面貌	队长工作部门	选派干部所属部门
第一任	34.7岁	6人	苗族	中共党员	县委宣传部	乡政府、县民政局、县国土局、县林业局、县委统战部

续表

工作队	平均年龄	工作队人数	队员民族构成	队员政治面貌	队长工作部门	选派干部所属部门
第二任	38.7岁	8人	1汉族、7苗族	中共党员	县财政局	州委组织部、镇政府、县编办、县教育局、县委宣传部、县农业农村局、县信访局
第三任	34岁	8人	2汉族、4苗族、2土家族	6中共党员、2入党积极分子	镇政府	州委组织部、镇政府、县编办、县教育局、县委宣传部、县农业农村局、县信访局

从选队组队情况可以看出，工作队成员都是中共党员，政治上可靠；都处于年富力强的年龄段，平均年龄不超过40岁，精力充沛，工作上更有创新意识；注重结合十八洞村的村情特点和脱贫攻坚不同阶段工作需要来选派干部和动态调整工作队。如结合十八洞村为苗寨的情况，为了沟通方便、便于工作，选派的干部以苗族为主，懂苗语为必要条件；根据工作任务逐渐增多的情况，将第二、三任工作队成员增加到8人；考虑到十八洞村脱贫攻坚成效不断显现、对外交流不断增多，逐步增加了汉族和土家族干部。在队长的人选安排上，考虑到第一阶段以思想工作为主，第一任队长从县委宣传部派驻得力干部担任；随着工作的推进、投入的增多和项目建设的增加，队长调整为对项目管理业务更加熟悉的县财政局干部担任；随着主要建设任务的完成，管理和村庄治理转为主要任务，又

根据新情况调整为由镇政府主要负责人担任队长。这样既做到了量体裁衣选好驻村扶贫干部，又实现了驻村帮扶干部自身专长与脱贫攻坚任务的动态协调。

2. "5+1"的工作队组成方式

十八洞村的驻村扶贫工作队是中共花垣县委直接派到村庄的扶贫组织，采取这种方式来推动扶贫，主要是因为十八洞村的自身能力不足，仅靠十八洞村的资源和力量，甚至本乡镇的资源和力量，都不足以实现脱贫攻坚目标。在扶贫工作队的组成上，一般是根据十八洞村的客观实际需要，从花垣县各级各部门抽调干部，再由花垣县的党委组织部门进行任命。驻村扶贫工作队的核心是队长，由科局级以上的实职干部担任。

关于怎么组建十八洞村的驻村扶贫工作队，花垣县根据十八洞村的村情、民情和村、组干部队伍情况，采取了"5+1"的组成方式。

2014年农历正月二十三日的上午，中共花垣县委召开十八洞村精准扶贫工作会议，研究组建十八洞村扶贫工作队。县委提出了10个人的拟选名单，参会的县领导按照懂苗语、有基层工作经验、能与原单位工作脱钩的要求进行推选，只有县委宣传部副部长龙秀林、民政局的工会主席吴式文两位同志比较合适，当时就明确了龙秀林当队长、吴式文当副队长。会后，县委书记立即与这两位同志见面。见面会上，又集体讨论推选了当时的县统战部工会主席谭卫国、国土资源局政务中心主任龙志银、县林业局干部石昊东。加上之前已经任命为村党支部第一书记的花垣县排碧乡政府干部施金通，最后形成了"5+1"的工作队模式。

"5+1"工作队模式中的"5"是指从县有关部门抽调的机关干部，"1"则是指村党支部第一书记，一般由乡镇干部担任。十八洞村扶贫工作队"5+1"模式，既有其偶然性，也有其必然性。偶然性在于事先并没有这种组队模式的构想，是在组队过程中经过反复推选和研究后形成的，是探索的结果；必然性在于在组建工作队以前，已经有机关干部以"第一书记"的身份在村寨开展扶贫工作，因此在新组建扶贫工作队时，就必然会考虑到新力量与已有力量两者的有机整合。实践证明，这是一种非常有效的工作队组成模式。

从内部看，"5+1"工作队模式的高效率源于干部的个人素养、干部之间的默契配合与合理的工作分工。抽调进入工作队的机关干部，综合素质比较高、能力比较强，工作作风过硬且各有特长。队长龙秀林与副队长吴式文在进队时分别担任正科级和股级干部，是县委首批10名候选人员中公认的十分精干的干部。谭卫国当时是县统战部的工会主席，退伍军人，年轻有为。石昊东是北京大学毕业生，理论功底好，综合素质高。龙志银曾担任乡党委办公室主任，基层工作经验丰富，综合能力强。第一书记施金通是乡镇干部，能说会道，善于做群众工作，熟悉村情。同时，几位干部彼此比较熟悉。队长与副队长选出来后，在推选队员时，县委充分尊重了他们的意见。比如龙志银是队长龙秀林推选的干部，他是龙秀林在担任乡党委书记时的党委办主任。干部之间彼此了解熟悉，甚至还一起共过事，有些还是原来的上下级关系，自然就增加了工作的默契度，能在最短时间内完成磨合，形成合力。

而在分工上，则主要是明确了队长与第一书记的关系。两人工作上各有侧重，队长主要负责工作队的工作，第一书记则主要负责村支两委的日常工作。在扶贫工作队，第一书记施金通是队长龙秀林工作队之外的助手；在村支两委，第一书记则是工作队与村支两委协调沟通的桥梁和纽带。这种工作分工，相当于村支两委的主要负责同志也参加了扶贫工作队的工作，这样一来，就把工作队与村支两委的力量很好地统一了起来。

3. 一队接着一队干

铁打的营盘流水的兵。驻村扶贫工作队就是一个"战斗的阵地和堡垒"，而工作队干部则是"流水的兵"。从2014年1月驻村扶贫工作队进村到现在，有三任工作队前赴后继，为了十八洞村的脱贫贡献了自己的力量。三任驻村扶贫工作队推动工作时都有一个共同的目标，就是让十八洞村摆脱贫困，让十八洞村的老百姓早日过上小康生活。为了实现这个目标，扶贫工作坚持精准脱贫的指导思想，一队接着一队干，努力让蓝图变成了现实。

万事开头难。花垣县第一支驻村扶贫工作队进村以后，面对的是一穷二白的十八洞村，怎么脱贫？怎么发展？这些是迫切需要思考清楚的问题。县委反复研究后，驻村扶贫工作队集思广益，定下了十八洞村脱贫攻坚和建设发展的总体思路——坚持人与自然和谐发展、建设与原生态协调统一、建筑与民族特色完美结合，使十八洞村天更蓝、山更绿、水更清、村更古、民更富、心更齐，让鸟儿回来了、鱼儿回来了、虫儿回来了、打工的人儿回来了、外面的人来了,努力将十八洞村建设成为中国最美丽的农村。概括起来,就是"三协调、六更、五个来了"。这个接地气的思路,在中共中央办公厅2014年6月回访十八洞村时得到了肯定。

第一任工作队在2014年到2016年三年多时间里,以统一群众思想为主要工作任务,引导带领十八洞村村民撸起袖子加油干。按照苗家特色、原始风貌建设原生态村庄的思路,工作队从改善老百姓的居住条件出发,修通了公路,改造了电网,组建了村男女两支篮球队,恢复活跃了民俗文化,办起了苗绣合作社,以"飞地"形式建起了十八洞村猕猴桃产业基地,创新了思想道德先进化管理机制,带领村民重塑乡风道德,培养了一批有思想、有办法、热心为群众服务的年轻村干部。通过这些基础性的工作,改变了村民的观念,发展了村集体经济,为十八洞村的精准脱贫打下了坚实的基础,实现了从"要我脱贫"到"我要脱贫"的深刻变化。

2017年,第二任工作队接替驻村帮扶,队长是花垣县财政局干部石登高。2014—2016年,第一任工作队更多的是关注怎么脱贫的问题,在2017年2月十八洞村宣布实现了精准脱贫后,第二任工作队更多的是考虑脱贫攻坚和乡村振兴相衔接的问题,更加侧重怎么致富的问题。第二任工作队在不改变总体思路的基础上,更多的是在引导村民发展产业、拓展市场、培养人才和完善村庄治理上发力,较为成功地引进社会资本发展村庄旅游,发展网红经济,推行"互助五星"式的自治模式,培养了优秀的年轻党员干部和产业人才等。正如队长石登高讲的,"我们是一任接着一任干,这几年我感受最深的是十八洞村村民实现了从'我要脱贫'向'我要致富'的巨大转变"。

2019年，第三任工作队成立，队长由花垣县双龙镇的镇长麻辉煌担任。虽然经历了乡镇合并，但麻辉煌一直在十八洞村所属的乡镇工作，也直接参加了前两任工作队的很多工作。他担任队长后，继续坚持前两任好的做法，提出以巩固和提升脱贫质量为主要任务，在推进产业提质、塑造文化旅游形象和品牌、促进德治法治自治相结合等方面发力，以通过高质量脱贫来有效衔接乡村振兴。

"一张好的蓝图，只要是科学的、切合实际的、符合人民愿望的，大家就要一茬一茬接着干，干出来的都是实绩，广大干部群众都会看在眼里、记在心里。"[①]2014年以来，驻十八洞村的三任工作队，尽管在工作方法、工作侧重点等方面有变化，但把十八洞村建设成一个原生态的苗族古村落、中国最美丽的农村、红色教育实践基地的目标没有改变，扎根苗寨、服务村民的使命没有改变，努力脱贫致富的决心和信心没有改变。正是一队接着一队干，十八洞村的美好蓝图才正在成为现实。

4. 身正不怕影子斜

苗寨外来的干部在工作过程中被村民质疑、误解，甚至反对，是经常会遇到的事情。或许坚持原则办事，损伤了某些人的利益；或许为了大多数人利益，难以顾及少数人。工作队被村民所接受、所信任，是在解决具体矛盾和具体问题的工作过程中完成的。

---

① 《习近平谈治国理政》（第一卷），外文出版社 2018 年版，第 400 页。

十八洞村的驻村扶贫工作队的工作局面是在村民的怀疑和不信任中打开的。对十八洞村的村民来讲，工作队是从上面派下来的干部，是带着习近平总书记的关怀到村寨来扶贫帮困的干部。他们进村后自然就成了老百姓关注的焦点，也成了老百姓眼里的"财神"。深受贫困煎熬的十八洞村村民，心里怀着的是对摆脱贫困的满心渴望，想当然地认为工作队是带着大笔的资金来救济的。当工作队坚持原则，表示不能搞平均主义和满足他们发钱发物的简单愿望，甚至要求村民为公益事业暂时牺牲个体利益的时候，村民先是失望和不理解，更有个别激进的村民攻击工作队工作人员，以发泄心中的不满情绪，也借此向工作队施压。

　　这样的事件，比较典型的有两次："大字报事件"和"醉酒村民告状事件"。

　　"大字报事件"起源于村寨的农网改造工程。虽然农网建设是关系村民自身利益的大事，但村民对埋电线杆占地、架电线砍树索要补偿时却一点也不含糊。当听到工作队说"农网改造是造福十八洞子孙后代的大事情、好事情，没有补偿，需要大家无条件地支持"时，村民们不乐意了，说："总书记来到十八洞了，国家给我们十八洞这么多的钱，你们工作队不把钱分给老百姓，你们是不是要集体贪污？"一时间谣言四起。有的村民甚至连夜在村部的围墙上写满了批斗工作队、批判村干部的"大字报"："工作队瞎指挥，修道路，扩道路，毁森林""工作队，村干部，集体贪污扶贫款"……那天，刚好遇上湖南卫视来采访，工作队没有任何遮掩，而是大大方方地邀请电视台当场录了下来。看到工作队这么坦然，村民们心里顿时明白，所谓贪污挪用大笔资金等都是子虚乌有、造谣中伤，各种流言蜚语也因此烟消云散。

"醉酒村民告状事件"发生在2014年12月27日。那天，时任湖南省副省长张硕辅到十八洞村调研。工作队正在向他汇报贫困户识别情况时，喝了酒的年轻村民龙先兰冲进会场，当场告状说："工作队来了没有给我钱，我没有饭吃，我没有老婆，工作队不用来了。"龙先兰的话引起了张硕辅副省长的重视。为了调查清楚事实，他在工作队的陪同下前往龙先兰家察看。他们到龙先兰家一看，发现他家有三间大瓦房，锅碗瓢盆、脏衣服丢了一地，顿时明白了龙先兰没有饭吃、讨不到老婆的原因。告状事件后，扶贫工作队将龙先兰列入了重点帮扶对象。队长龙秀林认了龙先兰为弟弟，把他当成自家人，经常找他聊家常、聊人生，对他关爱有加。扶贫工作队安排他到农校学习养殖、种植技术，希望龙先兰学会自力更生。根据十八洞村得天独厚的条件，龙先兰想要养蜂。扶贫工作队又联系了外地的养蜂大户，让他去学习养蜂、割蜜技术。龙先兰学得很认真。在掌握了技术要领后，龙先兰开始回村试养，并顺利赚到了"第一桶金"。之后，龙先兰的养蜂事业越做越大，收入也越来越高，他不仅脱了贫、娶了老婆、买了新房子，还牵头成立了养蜂合作社，成了帮助其他村民脱贫致富的带头人。

在十八洞村，扶贫工作队的工作事关村民的切身利益，自然是村民关注的焦点，村民有误解也在所难免。但工作队身正不怕影子斜，所有队员做人做事都公正无私，对得起自己的良心，对得起党性原则，因此他们不怕闲言碎语、流言蜚语，忍得了杂音噪音，受得了委屈和质疑。他们义无反顾，雷厉风行，最终没有辜负组织的重托和村民的期望。

5."三披"精神

"脚下沾有多少泥土，心中就沉淀多少真情。"驻村扶贫工作队是一支担当特殊使命的队伍，工作对象是改革开放四十多年来的弱势地区、弱势群体、薄弱领域，面临着交通闭塞、信息不畅、思想落后、生活艰难的多重考验。扶贫的路从来没有平坦大道，更多的是艰难险阻，如果没有对农民的深厚情怀，没有坚如铁的意志，是无论如何坚持不下去的。十八洞村驻村扶贫工作队身上展现的，是披肝沥胆的赤胆忠诚、披星戴月的工作作风及披荆斩棘的斗争意志，这也被称之为十八洞村扶贫工作队的"三披精神"。

"披肝沥胆"是扶贫工作队对脱贫攻坚事业的工作情怀，也是工作队能够克服困难、毅然投身脱贫攻坚事业的思想基础，体现了工作队干部们对党忠诚、对事业负责的思想境界。"披星戴月"是工作态度与工作方法，体现的是工作队尽职履责、只争朝夕的工作作风，是对脱贫攻坚事业的责任使命在行动上的体现。"披荆斩棘"是工作决心，体现了工作队矢志不移、不畏艰难、毫不动摇的意志，是工作队坚持到底，破解一切困难的精神堡垒。

十八洞村是习近平总书记到过的贫困村，也是习近平总书记时刻关心的贫困村。如何让十八洞村摆脱贫困，迈进全面小康社会以共同实现中华民族的百年梦想，工作队从内心深处有一种使命感、自豪感和荣誉感，工作中总是充满了动力和激情。总书记在十八洞村考察时说了三句话——实事求是、因地制宜、分类指导、精准扶贫，十八洞的模式要在全国"可复制、可推广"，不能堆积资金，"不栽盆景、不搭风景"；提出了13字要求——"不能搞特殊化，但不能没有变化"。事实上，各级各部门对十八洞村怎么扶贫、怎么建设，有着很多想法和思路，工作队面临着很大压力。但是，工作队始终坚持把习近平总书记在十八洞村的讲话精神落到实处，最大限度地保持了原生态苗寨风貌，在习近平总书记来后的三年内实现了整村脱贫。

工作队在十八洞是"全日制"的，没有节假日，没有周末休息。第一任工作队队长龙秀林白天不是协调项目建设、衔接各种关系，就是给来村的游客当导游，晚上或召集工作队队员开会，或到老乡家里谈心。这种工作模式也是工作队的常态。这一特殊的工作方法，是工作队根据村民的生产生活习惯制订的——村民白天下地或外出干活，家中没人；晚上回到家，正好是工作队上门服务的好时候。

农村工作的一个特点是村民矛盾多，意见难统一，吃大锅饭、平均主义思想严重。工作队在村里的很大一部分工作就是化解矛盾、统一思想。十八洞村的驻村扶贫工作队先后遇到了修路阻工、谣言中伤、发展产业村民不支持等很多困难，虽然也苦恼过、烦心过，也有一筹莫展的时候，但是工作队始终没有打过退堂鼓。他们总是擦一把汗水稍作休整，又披荆斩棘继续出发。

二、国家政策入户

围绕脱贫攻坚，各级政府推出了一系列支持贫困村发展和资助、补助贫困户的政策，如危房改造补助、大病救助、教育资助、低保兜底、产业扶持资金等，确保扶贫政策全面进村入户并得到公开、公平、公正的执行。但如何把党的政策变为群众的行动，激发群众自力更生的主动性以战胜贫困，是脱贫攻坚的关键环节，也是驻村扶贫工作队肩负的神圣使命。

1. "一张嘴" 的扶贫干部

十八洞村的村民想到了花垣县会派干部下来支持贫困村寨的发展，但是他们没有想到的是，派来的第一任驻村扶贫工作队队长是县委宣传部的副部长。用老百姓的话来说，县委派来当工作队队长的，应该要从财政部门这种管钱管项目的单位派，一个宣传部的副部长要钱没有、要项目没有，就带了一张嘴，怎么扶贫呢？但实践证明，就是这样一位 "一张嘴" 的扶贫干部，打开了十八洞村村民从 "我要脱贫" 向 "我要致富" 转变的大门。

派什么样的干部到十八洞村扶贫？是考验智慧和综合判断能力的事情。十八洞村同大多数贫困村一样，位置偏远，交通不便，缺钱缺人缺技术，要脱贫，离不开资金扶持、项目建设。但简单的投入，只能解决村民一时的生产和生活困难。要想稳定脱贫，实现脱贫方式可复制、可推广的目标，就必须实行激活村民内生动力的治本之策。相比基础设施和资金扶持，十八洞村要脱贫，首先要解决思想问题。思想上达成统一和共识，才是破解十八洞村脱贫的第一把金钥匙。认识到这一点后，中共花垣县委派出了只带"一张嘴"的宣传部副部长龙秀林作为第一任工作队队长。

龙秀林率队到苗寨与村民第一次见面时，在县委组织部宣布任命以后，老百姓没有鼓掌，而是用苗语窃窃私语："这个没带钱、没带项目、来自宣传部的干部能带来什么？"此时，面对着心存疑惑的老乡们，深感十八洞村扶贫工作任重道远的龙秀林也在考虑——第一步要做的是什么？这位与十八洞村有着不解之缘的龙队长很快就想明白了：依靠群众，激发苗寨村民改变贫困面貌的干劲儿和决心，是十八洞村脱贫的基本前提；十八洞村当时最需要的就是统一思想，而自己的优势就是统一思想、凝聚人心。

于是，龙秀林暂时把修路的事情推到后面，把农网改造也推到后面，把统一思想放在了首位。屋前屋后，围炉桌前，田间地头，都成了工作队的办公地点。队员们用苗语一遍又一遍地把习近平总书记在十八洞村说的话、提的要求讲给老乡们听，指出总书记希望十八洞村通过自力更生摆脱贫困，成为中国精准扶贫的榜样和典范。慢慢地，村民们的思想通了，大家开始心往一处想，劲往一处使。"一张嘴"的扶贫干部打开了十八洞村老百姓的心结，把村民们的积极性激发了出来。

2. 村民说了算

对于驻村扶贫工作队而言，首先要搞清楚帮扶对象是谁，精准识别出真正的贫困户，这是扶贫政策入户的前提和基础，识贫精准不精准，直接关系扶贫的效果。工作队在了解了十八洞村的基本情况之后，就抓住了"贫困户识别"这一精准扶贫的牛鼻子。

精准识别贫困户，理论上说起来很容易，但是放到一个具体的村庄，操作起来并不是一件简单的事情。除了一小部分家徒四壁的极端贫困人口能一眼识别出来以外，还有相当一部分相对贫困的群体，并不能简单地从表面识别出来。即便是入户调查，但由于村民当中普遍存在的趋利心理，他们在面对调查者时往往会夸大困难，隐瞒收入，让调查员很难摸清楚实际情况。客观来看，贫困是一个综合的概念，判断一个家庭是不是贫困，收入只是其中的一个必要条件，到底贫不贫困，需要做比较全面的权衡。怎么把握好这个标准，这对于外来的工作队干部是一个挑战。

费孝通在《乡土中国》中说，村庄是一个熟人社会，也是"小圈子"社会，都会相互帮衬，很难去相互"揭发"。在十八洞村这个邻里乡亲关系结成的关系网中，对于谁家里的条件比较好；谁家里的儿子在外面工作，经常往家里寄钱；又有谁家的孩子在外面打工，有高收入等情况，彼此都心知肚明。这也就是所谓老百姓心里"有杆秤"：谁家里真有困难老百姓都知道，谁家里应该得到帮助老百姓也知道，谁家里即便是贫困也不应该得到帮助老百姓心里也清楚。这也就决定了，让老百姓来衡量，用老百姓心里的那杆

"秤"去称一称，才最具有说服力。十八洞村的驻村扶贫工作队果断地把识别贫困户的权力交给了村民，让他们自己去比较，让村民说了算。

具体怎么操作呢？经过再三研究，扶贫工作队决定：以组为单位，让村民自己打分，打完分以后，对各家各户根据评分进行排名，假如这个组有30户人家，就从第1名一直排到第30名，然后按照省扶贫办统计分析的贫困发生率来计算贫困范围。因为十八洞村贫困程度深，政府扶贫部门统计分析的贫困发生率为60%，工作队科学统筹后先算到57%。这样，按照57%计算，30户中大概有18户是贫困户，就从第1名排到第18名，这18名就是贫困户。这样一来，就把老百姓的意见充分体现出来了。或者说，把要识别的贫困户的大范围确定下来了。当然，这些打分出来的贫困户并不是百分之百就是贫困户，打分没排进前18名的也并不是百分之百就是非贫困户。但是，这一比较科学的划分，为扶贫工作队精准识别提供了可靠的识别范围。

十八洞村让村民说了算，还有一个重要的环节就是允许村民发表不同意见，对通过打分进入评定对象的贫困户进行公开评议。村民对哪一户有意见，都可以充分表达出来，只要是合情合理的，扶贫工作队就采纳；被反映的评定对象删下来，随后一名的家庭再递补上去，可以多次递补。这样一来，因为是老百姓自己评议的，充分反映了村民的意志，就最大限度地减少了异议和矛盾。

让村民说了算的贫困户识别方法，不仅最为有效，更是推进村民自治与实现农民主体地位的重要体现，极大地调动了村民的积极性和参与度。贫困户精准识别既是一个精准瞄准扶贫对象的过程，也是一个统一思想、宣传政策的过程，通过这个过程，不仅让村民了解到了精准扶贫的政策措施，也让村民能想得通、想得明白，从而心服口服。

3. "九个不评"的底线

精准识别的扶贫对象能经受住村民的评议考验，是扶贫政策能否得到群众拥护和支持的关键。要做到这一点，就要求这个评价标准充分体现村民的意志，反映村民的真实想法。

一般来说，贫困户识别的评价标准，比如家庭人均收入情况、住房情况、就业情况、身体状况等用于贫困程度打分的正向指标，是反映一个家庭贫不贫困的指标。但在现实中，村民对某个家庭贫不贫困和是否应该评为贫困户两个概念分得很清楚。也许村民认可某一个家庭确实很贫困，但是他们普遍认为这个家庭不值得或者说不能够享受政策支持，用老百姓的话讲就是"不能评为贫困户"。因为在村民心里还有一个基本伦理道德、社会良俗的判断，这些因素可以归纳为贫困户识别中的负面指标，或者说是一票否决的指标，这也是老百姓心中"有杆秤"的标准。

为了精准识别，扶贫工作队在广泛征集村民的意见后，梳理归纳为"十八洞村贫困农户识别'九个不评'标准"（见表1-2）：

表1-2　十八洞村贫困农户识别"九个不评"标准

序号	识别标准
1	有砖混结构楼房或在城镇购有商品房的不评
2	打牌赌博成性，经营或提供赌博场所的不评
3	正在服刑、劳教或正被警方通缉和屡教不改的"两劳"释放人员不评
4	不务正业、懒惰成性的不评
5	不履行赡养义务的不评
6	时常刁蛮阻挠公益事业建设和当地经济发展的不评
7	全家外出打工经通知不回家的不评
8	国家财政人员不评
9	有大中型农业机械、农用车、矿车、小轿车、中巴车以及经营性加工厂的不评

　　这个标准通俗易懂，是真正的老百姓语言，也是体现了十八洞村特点的"负面清单"。从这个"负面清单"可以看出，十八洞村的村民对一个家庭是否能评上贫困户有自己朴实的衡量标准——除了家庭困难这个基本条件外，必须要品行端正、勤劳务实和遵纪守法。对家庭是否困难，十八洞村的村民也有自己的判断准则，认为有车、有商品房、办厂办矿、有国家公职人员的家庭是不能算作贫困户之列的。同时，家庭贫困的还要看个人品行。在他们看来，打牌赌博、违法犯罪的人，即便是困难，也是不值得同情的，更不用说被评为贫困户。在实际运用中，十八洞村以"九个不评"确实否定了四户家庭：一户是虽穷但大家公认懒惰、"等靠要"的，一户是家里有儿子在当教师的，一户是违反了法律政策的，一户是在县

城买了房子的。为什么呢？村民的想法很简单，勤俭持家的没有得到国家的任何帮助，懒惰的、违反了法律政策的反而可以得到国家的帮助，天底下哪有这样的道理？所以说，"九个不评"是实实在在的硬约束。

应该说，十八洞村"九个不评"的底线，把国家政策与村规民俗有机地结合起来了，既是老百姓民意的集中体现，也是政策在实践中的灵活运用。通过这个"负面清单"，让老百姓自己来评议，真正做到了精准识别贫困户。

4. "五步走"评精评准

俗话说："没有规矩，不成方圆。"在村庄社会，规矩总是通过一定的程序来反映和体现出来的，大到祭祀祖宗、婚丧嫁娶，小到修房乔迁、儿女分家等，都非常讲究一套严格的传统程序，俗称"礼数"。村庄社会这种朴素的程序观念，最早可以追溯到农耕时代的宗族礼法，经过时序变迁，尽管不断简化，但是这种程序性的思维和凡事讲个程序的习惯还是完好地保留了下来。评议贫困户能够获得国家的公共福利，这算是村庄社会的大事，是关系各家各户切身利益的大事，自然也要有一套合情合理、能被大家所公认的程序。

而村庄社会的规矩，特别强调要公开、公正，"藏着掖着"往往是各种怀疑和不满的根源所在。十八洞村评议贫困户的工作，在有了标准、"负面清单"和基本方法之后，自然也需要有一套在程序上比较严密的规矩，这套规矩的基本出发点是让村民能广泛参与进来并充分表达各自的想法和意愿，落脚点是要把真正的贫困户评议出来，要起到的作用是让老百姓心服口服。因为贫困户的评议，有县、乡、村干部的参与，老百姓最为担心的是出现优亲厚友的情况。因此，每个环节的公开透明也就显得尤其重要。工作队与村支两委在征求了村民的意见以及经过县委的深入研究之后，制定了一个"五步走"的贫困户评议程序，解决贫困户识别难、确定难的问题。

"五步走"就是按照先后五个步骤来识别、认定十八洞村的贫困户。这个"五步走"评定法程序为：

第一步，自愿申请或者村民推荐。这个环节，主要是起到政策宣传与发动作用。通过广而告之，让村民知道要评议贫困户这个事情。当然，这个广而告之是同时把贫困户的标准和"九个不评"的要求一并告示出去的。

第二步，村民打分互评。以组为单位相互打分、相互评。十八洞村有6个小组，就分6个小组来打分互评。最贫困的为最高分，依次评下来，同时划定一条分数线，再拿分数和工作队摸底调查的情况去比对，最后把贫困户初步评选出来，并当场公布结果。

第三步，公示后公开评议。互评结束后，立即张榜公示名单，同时也把工作队队长、第一书记和村委会几个人的电话号码以及"几不评、几不进"的规定也贴出去，让村民都来监督、投诉。对名单上被反映和被投诉的对象，入户进行再次调查，核实后再公布新名单。这样，经过三轮公示评议，反复筛选，最后没有人打电话了，名单就基本定下来了。定下来之后，再召开一个由村民代表、村支两委成员、乡党委政府代表及扶贫工作队参加的三级会审会议，将评议结果在村寨张榜公布不少于7天，没有异议后上报乡政府。

第四步，乡级审核。村上报名单到乡，乡审核后再公示，公示无异议后上报县里审核。

第五步，县级审核。县扶贫部门对乡上报的名单进行审核，再次公示，公示后确定贫困户名单。

通过这种程序，十八洞村精准评选出来120户贫困户共483人。当然，也会有极少数政策上符合扶贫条件而村民不认可的情况。对于这种个别的确实符合政策的，但是"打分打不上"的，扶贫工作队根据实际情况开展后续帮助。

可以发现，十八洞村"五步走"的贫困户识别、评定办法，关键在第二、第三步，创新也在第二步、第三步，这个方法之所以能被老百姓认可，根本原因在于坚持了农民主体地位的工作思路，让村民充分参与、充分发言、充分表达想法和意愿。这样一来，老百姓把想说的话都说了，把想要问的问题都问了，公道就自在人心了。

三、发展共识何以形成

十八洞村要脱贫，不仅需要每个村民的努力，更需要村民心往一处想、劲往一处使。脱贫攻坚的过程，就是一个通过扶贫来统一思想、凝聚人心、激发内生动力的过程，是从"原子化"村寨到村庄社会共同体的形成过程。十八洞村要形成发展共识，需有能够促成村民形成发展共识的共同思想基础，要有引导村民同向发力的领路人与好方法，而用好用活苗家村庄独有的风俗习惯，有时能起到四两拨千斤的作用。

1. 喝血酒、按手印

喝血酒是很多民族结盟、议和、达成协议时经常执行的一种仪式，从"歃血为盟"演变转化而来，表达的是参与的各方遵守诺言、维护约定的勇气和决心。长征时期，刘伯承与彝族果基家头人小叶丹"喝血酒"友好结盟的故事几乎家喻户晓。在湘西苗寨，至今也还流传着"喝血酒"的民族习俗。"按手印"则是古代签字画押的传统，按上手印，就表示对协议的认可，在老百姓看来就是铁板钉钉、不能反悔的。这两个传统意义上的民间协议程序，在十八洞村这个传统的苗家村寨，在促成大家形成发展的共识上，依然有着非同寻常的意义。

驻村扶贫工作队进入十八洞村以后，就亲身经历过这样一次

"喝血酒、按手印"的场面。事件源于修建进村公路。修路首先要解决的是土地问题。修建十八洞村公路，要占用27户苗寨村民的土地。对传统的中国农民来说，土地就是命根子，要他们让出祖祖辈辈耕种的土地，那无疑是"要命的事"。进村公路首先要占的是一位施姓村民的耕地。乡、村干部做了多次思想工作，可他们家就是不同意让地。修一条通往村外的公路，是十八洞村村民祖祖辈辈梦寐以求的事，绝大部分村民都知道，这条路就是十八洞村的希望之路。因此，施姓村民一家的阻拦激起了其他村民的强烈不满，两三百个村民聚集起来，以苗家传统风俗"喝血酒"的方式，发誓以后不与这户施姓村民一家来往，凡是他家的红白喜事都不参加，也不帮忙。在农村，这是大家都很忌讳的事，特别是白喜事（有人过世）都没人帮忙就更忌讳。实际上，这是其他村民想通过这种方式来对施姓村民一家施压，以迫使他们家同意让地修路。

当时，当施工工程车开进来的时候，这个施姓村民拿着一把大菜刀，他的两个儿子一个拿着粗钢筋、一个拿着铁棍，就站在他家地里，准备誓死捍卫土地。一边是两三百名喝过血酒的村民，一边是严阵以待的施姓村民一家，流血冲突随时可能发生。在这个关键时候，扶贫工作队队长龙秀林挺身而出，对聚众的村民讲明了施姓村民一家阻拦修路背后更深层的原因——因为这条路还要占用其他几十户家庭的地，施姓村民虽然不舍得自己的地，但更担心自己的地让出来了，路还是修不通，让的地就白白浪费了。借此机会，龙秀林向村民提出一个要求——全村达成一个协议，凡是村公共基础设施建设占用5分地以下的，各家各户都要无条件支持。这一提议得到了村民的一致同意，也就是在现场，两三百名村民在这份让地支持村公共基础设施建设的协议上签了字、按了手印。施姓村民一家见此，放下了心里包袱，也在协议上签了字、按了手印。矛盾化解了，十八洞村的第一条通村公路在鞭炮声中顺利开工。

这次修路经历的"喝血酒、按手印"事件完全是一个意外，产生的深远效果也出乎意料。从此以后，十八洞村的公共基础设施建设进展得十分顺利。对于十八洞村的脱贫攻坚工作来说，这份签满了字、盖满了红手印的协议，揭开了全村团结一致、脱贫攻坚的序幕，跟1978年小岗村18人按指印达成的包产到户的契约具有相似的意义。

2. 人要脸树要皮

所谓"面子"，是指个人因服饰仪容、言行举止、财富身份、社会地位等受到他人积极或消极的评价而产生的某种心理。在乡村社会，"面子"不仅牵涉个人在关系网中的地位高低，而且涉及他被别人接受的可能性[①]。俗话说，"人要脸树要皮"，就是说人是有"面子"观念的。因为人是社会动物，社会属性是人的第一属性，作为社会的人，有基本的礼义廉耻观念，有被所在的社会所认可和接受的高层次需要。

中国村庄尤其是传统村落普遍存在比较浓厚的"面子"观念，

---

① 陈占江:《农民的"面子"和"里子"》,《中国社会科学报》2013年10月11日第A08版。

绝大多数村民都不希望表现得比别人差，也不愿意被人看不起，更不愿意被人指指点点。村民讲面子，一方面是物质方面的。招待客人时，他们一般都会按照当地的通常水平来接待，甚至会比大众的标准稍高一些，比如安排较好的饭菜、用较高档的香烟，表示好客的同时也表示自己家的生活水平不比别人家差。另一方面，则是精神层面的。村民一般都会遵守基本的道德规范和社会良俗，不孝顺父母、不抚育儿女、家风不正、邋遢脏乱、与邻里争强斗勇等都认为是不良习俗，有这些习俗的村民会被邻里乡亲议论、指点，这也有损一个家庭的"面子"。

苗家村寨有着浓厚的争面子传统和风俗，村民特别在乎邻里乡亲对自己的看法，凡事都希望能被称赞，或得到一个好的评价。即便做得不好，也忌讳别人说出来，更不用说张贴在大门前。苗家村寨的这个特点，为以思想道德评比促进村民自我规范、自我管理和自我提升，提供了很好的条件和基础。

扶贫工作队进入十八洞村的初期，村民"等靠要"的思想还是比较明显，主动参与公益事业的积极性很低，这种现象虽然不合理，但也不违法，因此不适宜用政策来处理。但是，充分利用村民爱面子、受农村道德底线约束这个因素，采取思想道德评比公示的方法，就能把正能量充分激发出来。为此，在扶贫工作队的带领下，十八洞村围绕思想道德建设，形成了"思想道德星级评比"制度。按照这一制度，全村每年举行一次思想道德星级评比，从支持公益（15分）、遵纪守法（17分）、社会公德（17分）、职业道德（17分）、家庭美德（17分）、个人品德（17分）六个方面进行打分，共分五星级思想（得分90分以上）、四星级思想（得分80—89分）、三星级思想（得分70—79分）、二星级思想（得分69分以下）四个等次，参评对象为年满18岁及以上的村民。评选方式是以组为单位，全村18岁以上的村民集中评分，评比结果当场宣布，并及时张榜公布全村思想道德星级评比结果，实行挂牌管理。同时还规定，对村民违反村规民约、不支持公益建设、好吃懒做、违法乱纪等行为，村支两委有责任和义务有举必查、查实必纠，并将其家庭评比结果降一等次。每年的星级评比结果作为评先评优与村集体分红的奖罚依据。对获得五星级的家庭，在年度"11·3"大会（十八洞村为纪念习近平总书记到村的11月3日创办的一年一度的村民盛会）上进行表彰，奖品是一件印有"××××（年份）·11·3"的T恤衫。

虽然物质奖励很少，但是，十八洞村的苗寨村民非常看重这个"道德星级"：标志着家庭文明道德水平的五星标志挂在自己的大门前，就是家庭的一个脸面，穿上"11·3"大会奖励的T恤衫，也是家庭的面子。通过这种精神激励的方式，十八洞村村民的思想觉悟发生了前所未有的变化，正能量得到了极大的弘扬，积极参加公益活动，做义工，自觉捡烟头、捡垃圾，成了村民的自觉行动。村民实现了自我监督、自我管理和自我约束，讲道德、树新风不再是一句空话。

3. 找准群众的思想症结

工作队开展驻村扶贫工作，一项重要的任务就是让国家政策精准落到实处，推动十八洞发展和脱贫。苗寨村民对国家政策不了解，或者是一知半解，甚至有时有误解。因此，在落实政策的过程中，经常会遇到村民或明或暗的不支持、反对和阻挠等情况。要让政策落地，让政策精准见到实效，首先就要做通村民的思想工作，让他们了解政策、理解政策，从而执行政策。为此，扶贫工作首先要做通群众的思想工作。

做群众的思想工作，不能仅仅只看到群众不支持的表象，而是要真正搞清楚群众提意见、不满意的根源在哪里，群众不理解、想不通的症结在哪里。只有搞清楚了问题的来龙去脉，找准了群众心中的疙瘩，才能对症下药，有的放矢，从而化解心结，从根本上解决问题。那种霸王硬上弓式的粗暴做法，虽然能一时解决问题，但却往往是按下葫芦浮起瓢，甚至起到反作用，是绝对行不通的。

十八洞村的驻村扶贫工作队之所以能很快做通群众的思想工作，引导全村上下齐心协力加油干，关键的一点就是找准了群众的思想症结，疏通了群众"思想的堰塞湖"。比如，习近平总书记来到十八洞村，给村民带来了无限憧憬和希望。村民想当然地认为习近平总书记会批给大笔资金，因此大家就想着赶快分钱，这是在工作队提出用扶贫资金办公益事业时，村民写大字报以示不满的思想症结所在。工作队告诉村民，习近平总书记是希望十八洞村撸起袖子加油干，靠自己的辛勤劳动，成为自力更生脱贫致富的全国学习榜样。经过多次政策宣传和思想解释，村民们慢慢解开了疑虑，化解了误解和矛盾。又比如，前文提到的，修村公路遇到施姓村民一家阻工时，工作队队长龙秀林首先想到的是从长计议，主动走进施姓村民家里，自带烟酒，同施姓村民喝酒聊天，拉近距离，进而了解到了施姓村民阻工的真正原因。找到问题的症结后，以"按手印"的方式解决了问题，不仅避免了可能的流血冲突，也为全村公共基础设施建设铺平了道路。又比如，对谁都不愿意结对帮扶的老大难龙先兰，工作队找到了他作为一名孤儿渴望得到亲情和关爱的心理症结，队长龙秀林将他认作自家兄弟，给他以亲人般的关怀，最终把一个懒汉变成了养蜂能人。很多相似的案例都充分说明，只有找准群众思想问题的症结，问题才能迎刃而解，达到事半功倍的效果。

但要找准群众思想的症结，就要贴近群众，做群众的兄弟和朋友，真心去倾听群众的心声，并且想方设法让群众毫无保留地把心里话说出来。只有这样，才能真正理解群众，找到根治问题的"金钥匙"。

4. 带出去长见识

思想保守、因循守旧是十八洞村大部分贫困户的通病，特别是在面对新兴事物的时候，观望、退缩和怀疑是贫困群体本能的反应。这种瞻前顾后、不敢越雷池一步的保守思想，一方面是因为自身能力不足带来的不自信，另一方面是因为信息闭塞造成的孤陋寡闻。在这种情况下，要想打动贫困户，让他们心动然后行动，最好的办法就是把他们带出去，对比不同方案带来的不同效果，看到未来可能的憧憬和实实在在的好处，看到改革创新带来的真金白银，让思想上的强烈冲击转化为行动的动力。

十八洞村要建设怎样的村寨？在这个问题上，村民和扶贫工作队一开始在思路上是完全不同的。工作队希望能保住现有的苗寨风情的木房子，而村民希望能建砖瓦楼、住小洋楼。在他们看来，祖祖辈辈住的木房子和传统的苗寨是贫困的象征。他们不了解古村落恰恰是现代化进程中的稀缺资源，古村落也可以以一种现代化的新形象展示出来。面对这种情况，工作队想到的是先带村民们出去看一看、比一比，再让村民自己来做决定。

工作队租了4台旅游大巴车，带着村民们专门出去"旅游"了一趟。他们去的第一个点，是湘西土家族苗族自治州一个情况与十八洞村相似的村。那个村子也很贫穷，但是村民搞了一个同建同住，把苗寨建设成了一个无垃圾村寨，被上级部门作为典型在全州推广，村民以自己的勤劳赢得了发展机会。他们去的第二个点离花垣县城很近，村里统一建起了一模一样的小洋楼，但由于青壮年都出去打工了，因此大部分房子没有人住，村里看起来很萧条。他们去的第三个点是保靖县的吕洞村，与十八洞村距离较远，路也比较难走，但是到了村子之后，大家发现有很多游客在游玩体验。为什么吕洞村跟十八洞村情况几乎一模一样——看起来也比较"落后"，也都是苗寨木房子，都是石板路，路程还那么远，但居然有人来旅游？为什么外面的游客来到十八洞村，都喜欢以苗寨的木房子、泥巴墙、石头墙作背景拍照留影？为什么县城边上看起来很现代的小洋楼却没人关注？几经比较，十八洞村的村民们明白了，泥巴墙、木房子是大山外面的人们没有见过或很少见到的，有特色的苗寨传统建筑，就是吸引游客前来旅游体验的最好景观，值得好好保留下来。就这样，扶贫工作两个月都没有做通的事情，外出一天就让大家想明白了。

在十八洞村推动产业发展也是非常困难的。由于村民长年累月习惯于耕种自家的一亩三分地，自然形成了路径依赖，因此对新的产业很难接受。在十八洞村发展什么样的产业上，村民们也是走出去看了，才达成了共识。最开始，当扶贫工作队提出发展猕猴桃产业时，超过80%的村民不愿意。对他们来讲，这是个新东西，不知道前景怎样，不敢搞也不愿意搞。工作队没有强硬推进，而是把反对最激烈的几个村民带到了四川的都江堰参加世界猕猴桃节。在那里，他们看到有31个国家的人参加了这个节庆活动。随后，工作队又带他们到浦江参观体验了两个小时都走不完的猕猴桃种植基地，让他们亲眼看到了村民通过种植猕猴桃而团购奥迪车的盛况。参观回来后，村民们坐不住了，他们争先恐后地入股了村猕猴桃产业。

眼界决定了思想的高度。对十八洞村的村民而言，要推动他们解放思想，一方面要动之以情、晓之以理，通过交流与沟通来融洽关系、增进感情、求得认同。另一方面，也要想方设法开阔他们的眼界，努力让他们见多识广，让他们通过自己的观察与亲身体验去看到差距、看到希望，萌发脱贫致富的内在动力，从而让他们感受到改革创新对改变现状所能产生的强大力量，推动他们思想的进步。

四、苗寨社会的"黏合剂"

对村民而言，驻村扶贫工作队算是"外来户"。但他们没想到的是，这些"外来户"不是走读式地走走过场，而是扎根在苗寨，像"上门女婿"一样住了下来，与乡亲们同吃同住同劳动。这些昔日"洗脚上岸"的国家干部，很快就融入了农村这个新圈子，以自己新颖的思想观念、先进的管理技能、纯粹的帮扶感情引导村民、帮助村民、感动村民，发挥了村庄社会"黏合剂"的积极作用。

1. 找回集体荣誉感

集体荣誉感是组成集体的个人所表现出的热爱集体、关心集体、自觉地为集体尽义务、作贡献、争荣誉的道德情感，是一种积极的心理品质，是激励人们奋发进取的精神力量，也是一个集体形成凝聚力、向心力的重要思想基础。随着农村包产到户改革的实施，集体经济一度在农村发展中的地位和作用下降，农户的个人意识不断强化，集体概念和集体观念有所弱化。"村"这个概念对农民而言，基本上只保留了地理位置和户籍归属的意义。集体归属感、认同感越来越淡化，带来的是村民对村公共设施建设、公共事业发展的普遍漠视。找回村民的集体荣誉感，让村民自觉投身村级事业建设，是推进十八洞村脱贫致富首先要解决的难题。

团体体育赛事是最能培养和促成集体荣誉感的，十八洞村扶贫工作队想到了以组织参加篮球比赛的方式，把村民集聚起来，唤醒沉睡在村民心中的集体荣誉感。打篮球是花垣县苗族地区老百姓最喜欢、最喜闻乐见、参与最积极的项目之一。十八洞村村民也有打篮球的习惯，但是技术很一般，以往参加县里、乡里组织的比赛时，往往预选赛阶段就被淘汰了。工作队看准乡亲们渴望取得篮球比赛胜利的迫切心情，就发挥大学生村官龚海华的作用，从高校海选了几名种子选手，重新组织起男、女两支球队参加县里的篮球比赛。

比赛开始了。第一场比赛打得特别激烈。十八洞村不管是竹子寨、梨子寨还是飞虫寨、当戎寨的村民，都来到了赛场为参赛队员呐喊助威。工作队鼓励村民把这场精彩的比赛拍下来，然后发到朋友圈。就这样，两三场比赛之后，在外工作或生活的十八洞人都知道了自己村里球队的英勇表现。他们感到了前所未有的自豪。在附近就业的人纷纷赶了回来，给球队当啦啦队，主动买水送水充当后勤人员；有的坐飞机从广州、浙江回来参加啦啦队；那些赶不回来的，就打电话给家里，要家人买水送到球场上支持村篮球队，甚至还有人打电话叫家里宰了一头羊，请村篮球队队员到家吃饭。150多支队伍，比赛打了七八天时间，十八洞村的两支球队最后都获得了第二名。十八洞村很久没有获得这样的荣誉了，对于村民来说，这个荣誉很珍贵，意义很大。尽管大家的嗓子喊哑了，但他们觉得特别值得。

就是这么一次小小的篮球比赛，把十八洞村遗失已久的集体荣誉感找了回来。我们也发现，在村民心中，依然埋藏着对生养他们的家乡的深厚感情，不论走多远，都依然牵挂着那片印记了年少时光的土地。很多时候，村民的感情只是缺乏一个突破口。一旦打开了情感的大门，这份沉甸甸的集体荣誉感就会生根发芽，蓬勃发展。

2.有钱没钱大干三年

资金投入是脱贫攻坚的必要条件，但如果只是依赖财政资金的投入，特别是简单地送钱送物式的扶贫，只能暂时缓解贫困户一时之急，却不能长期稳定地实现脱贫的目标，靠钱砸出来的脱贫方式是不能复制、无法持续的。扶贫工作队进入十八洞村之后，首先想到的就是不能因为习近平总书记到过村里，就搞不计成本的大投入，尤其是不能简单地分钱分物，助长贫困户的"等靠要"思想。而是要想方设法调动村民参与村庄建设和发展产业的积极性，以有限的投入发挥撬动市场资金的作用，实现十八洞村的可持续发展。

思想通了，工作才能顺畅，从刚进村时先搞基础设施建设遇到阻力，转而想到先做通群众的思想工作，扶贫工作队找到了十八洞村脱贫攻坚的有效切入点。在工作队的潜移默化影响下，一大批有思想觉悟的村民逐渐转变了观念，意识到还是要靠自己的努力才能脱贫致富，特别是在化解了修路冲突，促成签订公益事业无偿用地的协议后，村民的观念发生了很大变化。

2014年3月，在十八洞村村支两委换届的时候，参加竞选的施进兰喊出了"有钱没钱大干三年"的竞选宣言，赢得了村民的掌声和支持，以高票当选村主任。村民对施进兰的支持，恰恰体现了对"不等不要、自力更生建设家园"观念的认同。

"有钱没钱大干三年"并不仅仅是一句口号，在扶贫工作队的推动下，村支两委把村里的年轻人和民兵组织起来，成立了党领导下的"十八洞村青年民兵突击队"（后简称"突击队"），主要承担精准扶贫的各种急、难、险、重任务。搞村寨建设的时候，突击队队员冲在前面，在工作队带领下，不顾天黑下到深深的峡谷，把滚下山的杉树一根一根地抬了上来。在发展猕猴桃产业的时候，他们一户一户上门发动村民。缺少资金的时候，他们不等不靠，带着村民代表一家一户地找银行贷款。

在工作队及村支两委的带领下，村道拓宽硬化、青石板改造、游步道建设、农网改造、水渠建设、自来水入户、猕猴桃种植、养殖业拓展等项目相继完工，十八洞村开始走上发展的快车道。通过这样大干三年，十八洞村发生了翻天覆地的变化。2016年，十八洞村人均纯收入由2013年的1668元增加到8313元，136户533名贫困人口除7户12人需政策兜底外，其余全部实现脱贫，贫困发生率由2013年的56.7%下降到1.17%，实现集体经济收入7.5万元，全村提前退出贫困村行列，成为湖南省首批摘掉贫困帽的村子。2017年9月，村民们拿到了猕猴桃产业的第一笔分红1000元。

一度遗失了的村集体荣誉感找回来了，"等靠要"思想没有了，自力更生、勤劳脱贫的思想统一了，自觉行动起来加入村庄建设的十八洞村村民从来没有像今天这样对未来的发展充满信心和希望。"有钱没钱大干三年"这个朴素的口号，既是村民向贫困宣战的誓言，也是村民实现脱贫的强大信心。

3.用文化来凝聚人心

苗族是有着深厚民族文化积淀的民族。在十八洞村，苗鼓、苗歌、苗绣等民俗文化在村民心中始终有着崇高的地位和不可割舍的情结，也恰恰是能够凝聚人心的共性要素。十八洞村扶贫工作队敏锐地发现了这个突破口，赋予了承载着独有的历史记忆和思想表达的苗族传统文化以新的时代内涵，让广大村民在精神上重新找到了归属感。

怎么才能让一度淡化的苗家文化重新焕发活力呢？工作队想到了以成立"十八洞农民艺术团"和"苗绣合作社"作为切入点。"十八洞农民艺术团"全部由十八洞村村民组成，艺术团成员没有工资，只发一套苗族服装，团里请来专业的老师教大家唱苗歌、打苗鼓。因为村民晚上业余生活很少，大家都对此特别期待。团里每天晚上7点排练，为了不迟到，刚从田里出来的村民裤脚还一只高一只低，两腿沾着的泥都没来得及洗，就站在操坪上一起唱了起来。背着一个小的、牵着一个大的的留守妇女也站到了队伍之中。苗寨村民没有想到自己也能排节目、上舞台，他们的自信心更足了，精神风貌也从此发生了很大的变化。

苗绣是苗家传统习俗。苗绣合作社以留守妇女为主体，吸纳了全村53家100多名妇女，在扶贫工作队的帮助下，为4家收购苗绣产品的公司生产苗绣。这个方式让留守苗家妇女认识到原来针线活儿也能创造价值、苗家文化这么有魅力，实现了传承民族文化和带动乡亲致富的双赢。

可以说，没有乡村文化的振兴，乡村振兴就会失去灵魂和方向。十八洞村的经验告诉人们，要实现脱贫攻坚，必须发挥传统文化在提升村民精神风貌和凝聚思想共识方面的独特作用，不断深入挖掘优秀传统农耕文化蕴含的思想观念、人文精神、道德规范，努力改善农民精神风貌，提高乡村社会文明程度。这样，乡村气息才会更加浓厚，乡村才会更具吸引力和感染力。

4. 提升村庄治理能力

扶贫工作队发挥的另一个重要作用是有效提升十八洞村的治理能力和治理水平。就十八洞村而言，管理理念滞后、管理人才缺乏、管理方式落后等都是比较突出的问题。扶贫工作队到来后，一方面直接参与村级管理的一些事务，从而充实了村一级的管理力量；另一方面，以参与村级事务的形式，在工作中传帮带，对村支两委干部进行了指导和培训。这样，不仅提升了治理理念，也传授了管理技能，大大增进了村级治理能力，并产生了深远影响。

实现乡村的有效治理是推进脱贫攻坚的必然要求，也是更长远实现乡村振兴的重要内容。有效的乡村治理既有利于脱贫攻坚的顺利推进，也有利于脱贫攻坚成效的巩固，是建设和谐有序、充满活力的乡村社会的重要基础性工作。因此，工作队在提升贫困村治理能力和治理水平上的作用是具有基础性意义的。

十八洞村扶贫工作队在三个方面对提升村级治理能力有显著作用。首先是加强了治理人才的培养。治理能力提升的决定性因素在人才，面对村支两委和党员严重老龄化的突出问题，扶贫工作队把培养青年党员干部放在突出位置。在扶贫工作队的推动下，一批在外打工创业的年轻人回到苗寨，投身十八洞村建设。2014年，大学生村官龚海华担任村支书、致富能人施进兰担任村主任；2017年换届选举时，此前在阿联酋迪拜打"洋工"的龙书伍当选村支书，龙吉隆当选村主任，近十名青年积极分子被吸纳入党组织，使党的后备力量得到了充实。

其次是以"互助五兴"方式促进自治、法治、德治三者的结合。扶贫工作队和村支两委通过认真思考，研究出一套用道德和诚信的力量来规范村庄秩序的"互助五兴"管理模式：一个党员或者积极分子带一个小组，小组中所有成员都是平等的，大家在"学习互助兴思想、生产互助兴产业、乡风互助兴文明、邻里互助兴和谐、绿色互助兴家园"五个方面互相帮助，共同发展。通过这种方式，让村民重新树立起了大集体的概念，提高了村级治理效率。

第三是提升了治理的信息化水平。信息化是未来中国农村发展的重要趋势，农村治理的信息化也是治理能力和治理水平的重要方面。工作队的到来，给十八洞村注入了信息化的新鲜血液。通过努力，十八洞村建起了数字地图、微信小程序、十八洞全景在线等信息服务平台。"数字十八洞"从概念变成现实，十八洞村的信息化水平正在大步追赶新时代。

打造一支永不撤离的工作队，这是扶贫工作队的重要使命，也是扶贫工作队的最高境界。"授人以鱼不如授人以渔"，如果扶贫工作队在有限的几年时间里让贫困村树立起了新的发展理念，建立起了与时代相适应的治理机制，搭建起了面向未来的治理平台，培养起了现代化的人才队伍，那么即便是扶贫工作队撤离了，脱贫攻坚的成效也能很好地得到巩固，并迈向乡村振兴的新征程。

5. 建立利益共享机制

毛泽东认为，"一切空话都是无用的，必须给人民以看得见的物质福利"[1]。如果不能让村民在发展中得到实际的福利，思想工作就会显得空洞，从而失去吸引力，群众也不可能长久地团结起来并朝着目标前进。如果这样，脱贫也就只能是画饼充饥。要看到，脱贫攻坚的主体是贫困户，只有贫困户自觉行动起来了，才能在真正意义上摆脱贫困。因此，要让贫困户想脱贫，最好的办法就是让他们也参与到具体扶贫的事业当中来，让他们成为利益共同体中的一个环节。他们既是参与者，也是成果分享者。这样他们才能认识到脱贫就是自己的事，从而持续、稳定地摆脱贫困。

贫困户参与扶贫事业的主人翁意识形成之后，调动贫困户的积极性也就没有障碍了。但是，在市场经济里，贫困户本身就是弱势群体，他们既没有技术优势，也没有资金优势，以单个个体去应对市场的挑战，风险是非常大的。并且资金分散后，也无法形成投资的规模效应。最好的办法就是将到户的扶贫资金集中起来，以股份的形式参与投资项目，实现贫困户与投资企业的双赢，这样才能提高扶贫资金的抗风险能力。

在十八洞村产业扶贫的时候，工作队敏锐地发现，以往将产业扶贫资金直接打到贫困户的账上，但贫困户很少用来发展产业，而是主要用来改善生活，甚至打牌喝酒去了，产业扶贫资金

---

[1] 毛泽东：《经济问题与财政问题（节选）》（1942年12月），《毛泽东文集》（第二卷），人民出版社1993年版，第467页。

并没有发挥应有的效应。经过反复研究，工作队决定不把产业扶贫资金直接分配给每个贫困户，而是统一投入产业项目建设上。第一个项目就是发展猕猴桃产业。虽然村民当时对这个决定意见很大，但是工作队还是坚持了下来，并且提出了"跳出十八洞村发展十八洞村产业"的口号。将扶贫资金作为股份与花垣县农业龙头企业"联姻"，成立十八洞村苗汉子果业有限责任公司，依托花垣县现代农业科技示范园，在道二乡境内流转1000亩连片土地进行猕猴桃产业建设。2017年，猕猴桃产量达180多吨，十八洞村受益74.05万元，老百姓收到了第一笔分红。尝到了猕猴桃产业扶贫甜头的村民们纷纷加入产业发展中，进一步提高了产业的规模效应。

事实上，在十八洞村的产业扶贫上，包括苗绣产业、乡村旅游产业、十八洞矿泉水产业等的发展，都遵循了这样一个基本思路，即以产业扶贫资金作为贫困户参与产业发展的利益纽带，让贫困户以资本的形式参与到市场活动，而把经营权交给专业的公司来负责，实现了"资金跟着穷人走、穷人跟着能人走、能人跟着产业走、产业跟着市场走"的良性循环，这种模式后来被总结为湖南的"四跟四走"产业扶贫模式。

处于市场弱势地位的贫困户，一旦认识到"四跟四走"产业扶贫模式是自己的投入保值增值的有效途径后，思想上也就解放了。而把资金统一起来进行项目建设，企业盈利一部分、贫困户分红一部分、集体经济留下一部分，也通过建立起利益共享机制，也把个人、集体和市场有机地结合起来了。

第二章
产业变迁与经济重构

发展产业是中国成千上万村庄从贫困走向富裕的宝贵经验。习近平总书记指出：“产业扶贫是最直接、最有效的办法，也是增强贫困地区造血功能、帮助群众就地就业的长远之计。”[①] 作为湘西高寒山区的一个纯苗族村寨，十八洞村平均海拔 700 米，是典型的“九山半水半分田”。精准扶贫之前，村内产业以传统的种养业为主，始终没能摆脱贫困。在产业扶贫过程中，该村探索了“飞地经济”“四跟四走”“生产互助兴产业”等模式和经验，发展起了特色种养、乡村旅游、苗绣加工、山泉水加工和劳务输出五大经济支柱，增强了村寨的“造血”功能，加速了村内产业变迁和经济重构，从而为脱贫致富奔小康奠定了坚实的基础。

---

① 习近平：《高举新时代改革开放旗帜　把改革开放不断推向深入》，《人民日报》2018年 10 月 26 日。

一、造血密码

十八洞村在精准扶贫的六年多时间内发生了巨变，这种巨变不仅体现为"一增加、两不愁、三保障"的绝对贫困问题得到彻底解决，更为深刻的是，在精准扶贫方略的推动下，加快了苗寨发展的重构进程，为十八洞村的稳定脱贫和走向乡村振兴注入了"造血密码"，提升了造血能力。其中，产业培育和经济重构是十八洞村乡村重构的物质基础和核心内容，要素整合、动力激活和能力培育则是精准扶贫方略注入产业培育和经济重构的"造血密码"。

1. 要素整合

村庄不仅仅是一个地理空间，更是一系列制度与规则的载体，各种社会经济关系皆包裹其间。因此，村庄是在一定地域范围内，由若干相互联系、相互作用的要素构成的具有一定结构和功能的复合系统。①其中人口、土地、资金等核心要素相辅相成又相互制约，变化趋势及其耦合匹配程度直接影响到村庄地域的可持续发展能力。

---

① 刘彦随：《中国新时代城乡融合与乡村振兴》，《地理学报》2018年第4期，第637-650页。

十八洞村作为一个封闭落后的高寒山区深度贫困村，长期以来，受外部系统的影响相对有限，乡村发展的核心要素有限、短缺且相互制约，导致乡村发展深陷"低水平负向锁定均衡"。在"人"的方面，存在着村民文化程度低、思想观念落后，青壮年劳动力外流、"386199"弱势群体留守，基层组织涣散、"村合心不合"等客观情况，导致乡村建设人才短缺。在"地"的方面，人均耕地十分有限，生态脆弱性高。虽有"绿水青山"和独特的苗寨风情，但由于交通闭塞，难以发挥其潜在价值。在资金方面，村庄长期以"自给自足"式的传统种植业为主，经济效益低，村民自身缺乏投入能力。由于基础条件落后，外部资金也缺乏进入的动力。而且，村民在长期的贫困中思想保守，对技术、市场信息的获取与利用能力不足，从而一直无法形成产业发展的突破口。

精准扶贫以来，十八洞村在精准扶贫"一揽子工程"的推动下，通过"增量嵌入"和"存量激活"有机整合各类核心要素，为产业变革和经济重构提供了有力保障。

在"人"的整合方面，十八洞村的精准扶贫实行"派人、留人、引人"多管齐下的方法，县委、县政府派出懂农村、有技术、会管理的人才组成精准扶贫工作队，指导村内选出有知识、有能力的致富带头人为新一届村支书和村主任。在此基础上，通过广泛的动员和产业扶贫政策引导，充分调动和发挥致富带头人、"土专家"、"田秀才"等乡土人才的积极性和引领作用，吸引外出能人、高校毕业生和各类人才回村到村创业就业，从而把第一书记、驻村工作队、乡镇包村干部以及市场主体、社会力量等外部帮扶因素，与村支两委、村民等内部发展主体有机整合起来，形成了推动村庄发展的整体合力。

在"地"的整合方面，将扶贫政策、优惠政策、市场理念、规划设计等外部要素与土地整治、环境改造等内部要素有机整合起来，优化"三生空间"。一方面，坚持规划引领，优化存量资源利用，在全省率先建立驻村规划师制度，从湖南大学引入规划设计团队，编制了"多规合一"的实用性村庄规划，将土地等自然资源进行精心规划、统筹开发利用，最大限度地用好村内土地资源。另一方面，创新土地流转机制，积极利用外部资源。如发展猕猴桃产业时，村庄采用"飞地经济"模式，在县内的道二乡紫霞村、辽洞村易地流转了1000亩土地，建设了十八洞村猕猴桃产业园。从而将村内的存量土地与外部的可利用土地要素有机整合起来，为村庄发展提供最重要的资源支撑。

在"钱"的整合方面，坚持因地制宜，将扶贫资金、小额信贷、市场信息和社会需求等外部要素与特色产品、旅游资源、自然禀赋、人文习俗等内部要素整合起来，从而激发了各类资金的活力，形成了多元化的投入机制。如在决定发展猕猴桃产业时，为解决好注册资金的问题，并最大限度地发挥资金的效用，由花垣县苗汉子公司出资306万元入股，十八洞村出资294万元入股，注册资本金600万元，组建了十八洞村苗汉子果业有限责任公司。十八洞村的股份由十八洞合作社和村集体经济两个部分组成，十八洞合作社由村民将财政扶持政策资金出资入股，村集体经济申请专项资金入股。为了建好猕猴桃产业园，在县委、县政府的支持下，又通过土地经营权抵押贷款的方式，向华融湘江银行贷款1000万元。多元的资金投入，保障了猕猴桃产业的培育并取得了良好的经济效益。这一模式也成了湖南产业扶贫"四跟四走"经验的首要来源。更为重要的是，这一资金整合模式的成功，为村庄整合力量发展产业开辟了新的道路。在村庄后续的旅游、加工等产业发展中，社会投入、村民投入、财政投入相辅相成，形成了村庄经济发展的又一核心要素支撑。

要素是经济的命脉。十八洞村在精准扶贫推动下，带来了大量外部"增量"发展要素，如驻村干部、乡镇包村干部等人才以及扶贫资金、产业项目、市场信息和社会力量等。这些外部要素是贫困村最紧缺，又在短期内甚至长期内都无法积累起来的核心发展要素。更重要的是，这些外部要素"实事求是、因地制宜"地与贫困村的内部要素有机结合，通过发展扶贫产业，带动内部要素的开发利用。如后面将提到的引入步步高集团联合开发十八洞山泉水、引入首旅华龙旅游实业公司和消费宝（北京）资产管理公司开发旅游资源等，就是通过外部和内部要素整合带动内部要素的开发利用。正是内外要素整合相辅相成，彼此耦合，共同突破导致贫困的壁垒，为建立新的良性均衡提供了坚实的要素支撑。

2.动力激活

乡村地域要素配置的演进及其产业变迁、经济重构依据其动力机制可以分为外生型、内生型和内外综合型三类[①]。外生型乡村重构认为乡村的发展主要受工业化、城镇化、全球化以及政策的影响，是一个被动接受的过程；内生型乡村重构则强调对地区本地生态、文化传统、社会秩序的维护，重视本地居民的充分参与，并由起主导作用的当地知名人士作为领导者带领，自觉寻求实现发展目标的途径[②]；内外综合型则宏观微观并重，综合考虑内外多种参与要素的贡献，既发挥"外援力量"的积极作用，又充分挖掘"内部主体"的智慧和潜力，实现二者的有机结合。

如前所述，在精准扶贫之前，十八洞村的大量村民在长期的贫困中固守小农意识，缺乏进取精神。尽管也有扶贫工作队进行帮扶，但都是局部的"输血"式帮扶，虽然改善了部分的村庄基础条件，但未能从根本上激发村庄各要素的活力。村民思想落后、行为懒惰，对村庄未来发展缺乏信心，由此忽视了对自身的生态、文化、土地资源潜力的挖掘，甚至内部矛盾重重，阻碍着外部力量与村庄内部领导者力量对村庄发展的引领与带动，导致整个村庄的发展动力缺失。

精准扶贫以改造村民的思想为先导，对十八洞村的帮扶不仅注重内外部要素的整合，也注重充分激发这些要素在乡村重构中的动力和活力，形成了系统的要素动力激活机制。

在外部要素动力激活方面。针对帮扶干部形成了精准派人、精

---

① Terluin I J. Differences in Economic Development in Rural Regions of Advanced Countries: an Overview and Critical Analysis of Theories，Journal of Rural Studies，2003，19（3）：327–344.

② 樊立惠、王鹏飞、王成等：《中国农村空间商品化与乡村重构及其研究展望》，《地理科学》2019 第 2 期，第 316–324 页。

准考核、严格监督问责和提拔晋升机制。首先要求派人要精准，各帮扶组织或部门要选派基层工作能力强、敢干事、能干事的年轻干部驻村，担任第一书记，兼任驻村工作队队长，同时选派3～5名驻村工作队员；然后，对驻村工作队、乡镇包村干部进行严格监督和精准考核，如要求驻村干部必须与村民同吃、同住、同工作，每月驻村25天以上等；依据精准考核结果，严厉问责和提拔重用，通过精准考核、奖罚分明切实落实领导责任和帮扶责任。针对市场主体，主要以优惠政策，如贷款利率优惠、土地使用政策优惠等激励市场主体带动贫困户脱贫致富；针对社会力量，则以宣传报道、表彰等形式激发正能量。

在村庄内部要素动力激活方面。一方面是夯实组织堡垒，重点是强化村支两委建设，将大学生村官、致富带头人、在外务工多年且见多识广的返乡创业人员等推选进入村支两委，壮大村支两委队伍，并通过开展党员主题日活动、主题教育等，激发党员的示范带头作用，如建立了"十八洞村青年突击队"，激发青壮年劳动力参与脱贫致富的积极性；另一方面是激发个体动力，通过实施"扶贫先扶志""志智双扶"等举措，激发贫困户和村民的内生动力，如思想道德评级制度、"11·3"年度感恩晚会、道德讲堂等，均在激发村民、贫困户内生动力上发挥了重要作用。

村庄发展的动力源自主体。十八洞村在精准扶贫中构建了面向外部要素、内部要素、组织层面和个体层面分类实施、奖惩结合的动力激活机制体系，效果十分明显。村民们对发展产业的态度实现了从排斥、观望到主动参与的转变，村内的各种资源要素也实现了由闲置、低效利用到全面开发、深度挖掘的转变。后文将提到的特色种养、乡村旅游、苗绣加工、山泉水加工等村庄支柱产业的形成，就是源于精准扶贫有效激活和提升了村庄各要素的动力、活力、能力和竞争力，将十八洞村由有限的外生型乡村发展引向了内外部要素齐发力的内外综合型乡村发展轨道。

3. 能力培育

村庄产业发展和经济重构是一个与外部环境密切相关的动态演变过程，在开放的经济社会环境下，村庄的发展也必然是开放的。同时，随着村庄空间的商品化以及开放区域经济系统嵌入程度的不断深化，对村庄发展主体的能力将提出越来越高的要求。

在精准扶贫之前，十八洞村主体的能力显然是无法适应乡村发展的大形势的。一方面，如前所述，村庄的大多数青壮年劳动力常年在外务工，在村庄留守的以儿童、老人、妇女居多，其中老年人又多属于文盲或半文盲。留守人口文化素质低与劳动力不足，是村庄经济发展的最大障碍。另一方面，在外务工的劳动力多从事五金制造行业和电子产品加工行业，这与乡村发展的产业有着显著的差别，这些劳动力即使回村，其所积累的技能也暂时派不上用场。同时，在这样长期贫困的村庄，外面的人力资源是难以进入的，外村、本村女孩不愿嫁到本村，本村的光棍占了男劳动力的三分之一，男青年在外谈女朋友都不愿往家里带，既有的人口净外流也是当时十八洞村发展面临的一个主要困境。谁来发展产业，是十八洞村面临的重大考验。

在精准扶贫之后，扶贫工作队在推动十八洞村的产业培育与经济重构过程中，把对村庄主体能力的培育摆在重要位置，注重从"引能"到"育能"的转变，积极提升村民自我发展能力。

实战培训。村支两委干部、村民在帮扶干部、外部市场主体、社会爱心人士的带动下，通过参与村庄规划制定、现代通信工具和设备的使用、新型产业的管理与营运等，在具体的工作中不断提高实战能力。如十八洞村贫困户在参与农家乐的经营过程中，学会了移动支付，掌握了与游客交谈和餐饮服务礼仪等技能，甚至还能熟练使用抖音等App（Application的缩写，智能手机的第三方应用程序）进行网络营销。这些都是通过实战培训获得的现代市场经营能力。

技能培训。在精准扶贫方略实施过程中，十八洞村开展了一系列技能培训，如致富带头人培训、村支两委干部培训、苗绣加工和蜜蜂养殖等专项技能培训、乡村旅游接待礼仪培训、烹饪技能培训等，开办了十八洞村旅游从业人员培训班、导游培训班等多种类型的培训班，创办了山东蓝翔技师学院十八洞分院等。多类型的培训结合贫困村产业发展规划，采取灵活多样、务实有效的方式，对村干部、村民和贫困户全覆盖地开展定向培训，提升其新岗位、新产业适应能力。

教育扶贫。教育扶贫是"五个一批"中的重要内容，重点针对贫困村的适龄和在学人员，旨在消除"因贫失学"现象，通过教育阻隔贫困的代际传递。具体举措包括学生营养餐计划、助学贷款、奖学金和学杂费免除计划等。这是一种非常有效的村庄发展"育人、留人和引人"的举措。近年来，十八洞村已有多位大学或者职业技术学校毕业生回村工作，其中有3位大学生担任村内旅游公司的中高层管理人员，还有12位成为导游或解说员。这些都是村庄未来可持续发展的中坚力量。

十八洞村的精准扶贫虽然直接指向的是村庄贫困人口，但作为"一揽子工程"，却客观地为村庄的产业发展和经济重构注入了"造血密码"。这些精准的要素整合、动力激活和能力培育举措，为资本下乡、农产品进城、劳动力回流等搭建了平台，创造了环境，也为村庄重构、乡村振兴奠定了坚实的基础，是扶贫成效评估时不可忽视的重要维度。

二、产业变革

在传统村庄，产业只是围绕着共同的产品而展开同类型生产劳动的简单集合，自给自足是其基本特征。十八洞村的产业曾经以水稻、玉米、烤烟等农作物种植业和生猪、山羊等养殖业为主，人均耕地只有八分多，基本上是自给自足。长期以来，外出务工是村民收入的主要来源。在精准扶贫的推动下，十八洞村立足"靠山吃山、靠水吃水"的自然资源禀赋，通过现代产业的发展机制与发展模式，把传统用于自给自足的腊肉、苗服、苗家土酒、中药材、茶叶等土特产转变为现代市场的交易商品，发展家庭民宿、农家乐、苗绣织品和山区果业等产业，推动了十八洞村长期以来形成的依靠农业种植为单一收入来源状况的根本性转变，这成为脱贫攻坚进程中传统村落产业发展现代转型的基本路径和景观。

1. 特色种养

由于生态条件较好，十八洞村除了水稻、玉米、烤烟、西瓜等传统农作物种植和猪、羊、牛等家禽养殖外，在种植猕猴桃、油茶和养殖蜜蜂等方面也有一定的比较优势。但分散的小农耕作，既无组织化的协作，又无社会化的服务，只能自给自足，村民们未曾想从地里获得多少收益，农业生产只是家庭剩余劳动能力顺带而为，各自为政，除了当时有三四户专业养殖户外，未能在全村的层面形成主导产业。

精准扶贫以来，按照习近平总书记提出的"种什么、养什么，从哪里增收想清楚"的要求，为了打破"九山半水半分田"的限制，十八洞村采取"企业+农户"、大户带散户的形式，大力发展猕猴桃、黄桃、金秋梨、油茶、蜜蜂养殖等特色种养业，并使其发展成为五大支柱产业之一。其中，以"飞地经济"模式发展起来的千亩猕猴桃是典型代表。

城市致富靠街头，沿海致富靠滩头，平原致富靠地头，山区致富靠山头。习近平总书记考察十八洞后，十八洞村迎来了第一批游客。在接待游客时，村民们发现，原本山上卖不出去的野生猕猴桃成了游客争相购买的抢手货。当时县政府正在规划建设农业园区，考虑到十八洞村耕地少，想为村庄在园区规划一块地用于发展产业。后经多方面的考量，选取了猕猴桃产业项目。由于本地野生的猕猴桃个头小，在外观上有明显劣势，不适应大规模产业发展的需要。因此，相关部门与中科院武汉植物研究所对接，找到了技术支撑力量。为打消村民的顾虑，村干部又带领村民去全国的猕猴桃优质产区四川省成都市蒲江县取经。看到蒲江县的农民种植猕猴桃盖了新房、买了小车，村民们受到了极大的鼓舞。他们在中科院武汉植物研究所的指导下进行了品种选择，并学习了猕猴桃的日常管理后，种植猕猴桃的信心更足了。

发展猕猴桃产业，最难的还是资金问题。土地租金加上基础投资需要1600多万元。在县委、县政府，扶贫工作队与村支两委的共同努力下，最终找到了解决办法。一是政府发的扶贫款不直接发给贫困户，而是集中起来参股，贫困户每年都有分红。这样既解决了合作社的资金问题，也保证了贫困户有长期稳定的收入，提高了扶贫资金使用效率。二是采取股份合作的模式，与企业实行股份合作，由花垣县苗汉子公司出资306万元占股51%，十八洞村出资294万元占股49%，组建十八洞村苗汉子果业有限责任公司发展猕猴桃产业。三是寻求银行贷款，制作产业项目书，县政府出具信用证明，通过土地经营权抵押贷款的方式，向华融湘江银行贷款1000万元用于产业项目建设。这样，十八洞村终于有了本村的支柱产业。

十八洞猕猴桃凭借湘西独特的地理条件、国家级湿地公园的生态优势、中科院猕猴桃领域顶级专家团队支撑的技术优势和国际先进的采后处理技术优势、国家出入境检验检疫局检测认定并通过国家有机食品认证的品质优势，逐步打造出"天生好果"的十八洞猕猴桃品牌，受到市场的欢迎。除了线下销售，线上销售也红红火火，产品直通港澳，村民们的分红也越来越多。2017年，村民人人分得千元大红包；2018年，贫困户人均产业收益金达1200元；2019年增加到1600元，猕猴桃产业成为造福村民的一个示范产业。

"跳出十八洞，发展十八洞"的"飞地经济"模式，以及成立"十八洞村农民旅游合作社"，引入首旅华龙旅游实业公司、消费宝（北京）资产管理公司，探索出由村民入股直接从事旅游经营、参与接待服务、出售农副土特产品、土地流转获得租金、入股分红等生态旅游扶贫机制和蜜蜂养殖有限责任公司等发展模式，被总结为"资金跟着穷人走、穷人跟着能人走、能人跟着产业项目走、产业项目跟着市场走"的"四跟四走"产业扶贫新路子。

十八洞村的种植业实现了由传统、分散、自给自足向特色、规模、品牌的现代转型。

当然，探索的过程总是曲折的。十八洞村为了探索集体经济发展模式，2018年曾经成立农业合作社，把全村耕地全部收归集体统一经营，发展以种植为主的农业产业，给农民分红。但十八洞村是"地无三尺平，多是斗笠丘"的高山林区地形地貌，耕地特别零碎分散，无法大规模利用。尽管已经机械化，但机械的运行成本大大高于平原地区，与家庭经营相比又增加了机械管理人员的工资成本。同时，复杂地形地貌的农业集体劳动也难于管理。不到一年，合作社便不得不解散，土地仍然返回给了农民家庭经营。这也印证了党的十九大报告关于小农户的科学判断：中国是"人均一亩三分地，户均不过十亩田"的大国小农，从现阶段来看，以小农户为主的家庭经营是中国农业经营的主要形式，也是中国农业发展必须长期面对的现实。

2. 乡村旅游

十八洞村有着得天独厚的高山峡谷、山林溶洞、枯藤老树、"天然氧吧"、"云雾苗寨"等生态环境与自然景观。在精准扶贫之前，这些独特的生态资源与苗寨积淀的深厚文化资源未得到开发，村民们手捧着这个"金饭碗"，却在消极地等待着别人的帮助。

作为精准扶贫的首倡地，随着精准扶贫的推进，十八洞村的知名度越来越高，前来学习、观光的人越来越多。游客们沿着习近平总书记走过的石板路，一边欣赏如诗如画的美景，一边听精准扶贫的故事，和总书记称之为"大姐"的石拔哑老人合个影，品尝一顿苗家饭，再买点儿苗绣等特产，更有留恋者在村民家中借宿几晚才离开。扶贫工作队与村支两委很快意识到，发展乡村旅游将是村寨脱贫致富的重要途径。

发展旅游的同时治理和保护好乡村的生态环境，这是实现生态文明建设总体目标的重要内容，也是实现乡村绿色发展、提升农业供给质量的必经之路。对十八洞来说，村寨的青山绿水，就是脱贫致富的法宝。正如村民所说，"十八洞村最值钱的就是这一身绿"。为此，大家形成了共同的理念，那就是保持原汁原味，守住青山绿水，让十八洞成为习近平总书记赞扬的那样"像个小张家界"。十八洞村按照"投入少、见效快、原生态"的总基调，确立了"人与自然和谐相处，建设与原生态协调统一，建筑与民族特色完善结合"的建设总原则，以"把农村建设得更像农村"为理念，保持原生态的苗族建筑风格，修旧如旧，只对个别破烂不堪的民房外观进行修缮，并做好室内改厨、改厕、改浴、改圈工作，突出村域内自然景观和古朴苗寨以及淳朴的民风民俗特色，致力于打造"中国最美乡村"。

在各方面的帮扶和村民的共同努力下，一条宽阔的沥青路直达苗寨，十八洞的村间小道铺上了青石板，房前屋后插上了竹篱笆，瓦房、泥巴墙、木板壁等苗家特色建筑成为一道亮丽的风景线，黄桃树、冬桃树、小鱼塘几乎成为每户农家的标配。吉首大学美术学院的学生给十八洞画上了生动的墙绘，把精准扶贫的精神和村民们喜悦的心情通过墙绘展现了出来。旅游公路修起来了，十八洞村旅游公司正式挂牌成立，游客服务中心建起来了，导游队伍拉起来了，农家乐开起来了，游步道建好了，旅游导览图贴出来了，超市、银行取款机等便民服务设施应有尽有，颇具现代科技感的"地球仓"酒店也进驻十八洞村了。

苗族的苗年、赶秋节、农历春节等传统节日独具特色，十八洞村旅游公司充分挖掘这些节庆资源，把这些节日办大办活，举办相亲大会、开发节日庆典，让十八洞的旅游市场日渐火爆。如2018年春节期间，十八洞村推出了"过苗年"系列主题活动，村民们唱起苗歌，燃起爆竹，杀年猪、打糍粑，和游客们一起度过了一个热闹的春节。过苗年那几天，进十八洞村的车辆排了整整4公里，来自四面八方的游客把小山村挤得水泄不通。等过完苗年，家家户户的腊肉、酸鱼全部卖完，平时村民吃腻的苞谷酸辣子也被游客当作稀奇的美味抢购一空。正是在这一系列旅游活动中，十八洞村的旅游品牌效应逐步形成。

吃住行游购娱是旅游产业发展的六要素。其中，吃排在六要素中的第一位。为了满足十八洞村的游客需求，村民自发创办了苗文化元素农家乐。习近平总书记和村民开座谈会的地方是村民施成富家门口，施成富将老宅修缮一番，改成农家乐，名字叫"巧媳妇"。按施成富自己的话说，"以前雨天在屋里还要打把伞，如今农家乐的座位供不应求，十来张小桌前坐满了客人""最多时一天有200多人"。施成富家的房屋和院坝如今成了十八洞村的重要景点，他们家的收入也逐年增长。为了防止农家乐间恶意竞争，也为了防止出现坑游客的现象，十八洞村村民共同制定了"三四五"标准，即三十的餐标、四十的餐标、五十的餐标，不够吃随时加，即游客在每一家农家乐得到的服务和花费是一样的。目前，村内共有十多家像施成富家一样的农家乐，家家生意火爆。

乡村旅游越来越受到城里人的青睐，发展乡村旅游产业已经成为农村经济发展的新动能，其巨大的经济、社会、文化和生态效益带动了越来越多的村庄脱贫致富。现在，十八洞村每天游人如织、络绎不绝，村庄荣获了"全国乡村旅游示范村"称号，获评国家AAA级景区。全村有234人参与旅游服务及周边产业，农家乐、民宿产业发展迅速，每家年均收入可达20万元以上。2019年，全村年接待游客60万人次，实现旅游收入1000多万元。

3. 苗绣加工

在苗乡，刺绣是妇女当家的基本功。一家老少的衣服都是通过绣娘们一针针绣出来的。十八洞村的苗绣长期以来只是自己用，从不出售。随着时代的发展，现代织物逐步代替了传统苗绣，美丽的苗绣成为挂在墙上的装饰品。与此同时，随着男性青壮年劳动力进城打工，村寨只剩下留守妇女、儿童、老人。妇女们每天在猪圈、灶头、地里忙得脚不离地，但一年到头也挣不到什么钱。

2014年夏天，十八洞村的老支书石顺莲去凤凰古城走亲戚，看到很多游客穿着苗绣衣服在沱江边拍照。随口一问，才知道苗绣产品很受游客们青睐，随便一件就能卖一百多块钱。这让她想起习近平总书记来十八洞时曾经说过，苗绣在国际上很时髦，绣花是十八洞村的特色，发展起来很有价值。考虑到发展苗绣产业一不要土地，二不要多少投入，还能将村中的妇女们动员起来，获得更多的收入，石顺莲决定组建十八洞村苗绣特产农民专业合作社（以下简称苗绣合作社）。这一想法得到很多留守妇女的响应。在驻村工作队和村干部的指导下，经过几天的紧张筹备，十八洞村苗绣特产农民专业合作社正式成立了。这也是村寨第一个由女人们发起创办的专业合作社。

让传统的苗绣融入现代人的生活，是苗绣加工要考虑的关键问题。2017年11月，湖南工业大学组织包装设计艺术学院师生来到十八洞进行了10天的苗绣调研，并成立了"绣色十八洞"苗绣创新团队，和省级苗绣传承人吴英继一起探讨苗绣技艺创新设计方案。2018年上半年，湖南工业大学创新创业学院与十八洞村苗绣合作社签署了《"绣色十八洞"设计与创新基地建设合作协议》。学校对苗绣合作社的绣娘进行培训，把绣娘的苗绣进行创新设计，开发"非遗苗绣"，点亮"绣色十八洞"，助力农民致富。由此，十八洞村11名苗绣合作社绣娘走出大山，来到美丽的大学校园，通过"课堂教学+参观学习+访谈交流"的方式学习苗绣技艺。经过一段时间的学习后，绣娘们在十八洞村举行的"绣色十八洞"苗绣创新作品展上展出了自己的作品。这些精致美丽的绣品很快便被游客抢购一空。

功夫不负有心人。不久，十八洞村的苗绣就迎来了多家合作伙伴。中车株机、山谷居民、七绣坊、金田文化等知名企业都对十八洞苗绣十分青睐。这些企业通过与合作社绣娘们的合作，把十八洞的苗绣加工成时尚的箱包、服饰、挂件，卖到了北上广、港澳台，一些高档产品甚至卖到万元以上。2018年9月，中车株机、十八洞村、湖南工业大学签订三方合作框架协议。中车株机在十八洞村援建苗绣车间，并签订5年苗绣采购计划，每年采购不少于30万元的十八洞村苗绣产品。绣品巧妙地将高铁这张中国名片与苗绣非物质文化遗产结合起来，苗绣也坐上高铁走向了世界各地。

传统手工艺是乡村文化的重要载体，特色手工艺产品具有非常宝贵的审美艺术价值、人文价值、历史价值，正受到越来越多人的喜爱。发展传统手工艺产业，既有利于传统手工艺文化资源的保护与传承，也为乡村产业发展与农民增收致富带来了新的思路。十八洞村苗绣合作社现有54人，其中8人是苗绣非遗传承人。合作社成员大都是留守妇女，但是最近几年很多打工回来的年轻人也加入了进来。正如一位绣娘所说："自从有了苗绣这个营生，我们女人也能养家了，平时走起路来都更加自信了。"

从此，传统的家用苗绣服装成了现代大市场的品牌商品，为十八洞村的脱贫致富开辟了一条新路。

4. 山泉水变钱

靠山吃山，靠水吃水，是千百年来中国乡村长期信守的生存方式。十八洞村的森林覆盖率达78%，山泉水资源丰富，水质好（后来的检测表明，十八洞村深山地下溶洞的水天然无污染，水质温和，富含矿物质），习近平总书记曾夸赞过村寨的山泉水是"真正的农夫山泉"。但由于交通不便，技术欠缺，一直没人去开发。精准扶贫以来，在考虑十八洞村可开发的资源时，大家想到了优质的山泉水资源。但要把峡谷中淙淙流动的山泉水变成瓶装矿泉水拿到市场上去卖，没有大量的资金投入，没有现代化的设备和工艺，没有一整套的产业链条，没有响当当的品牌，是无法打开市场的。

为加快开发山泉资源，十八洞村首先采取的是招商引资的办法，很快就吸引了几个企业的到来，但这些企业只是想把十八洞变成自己的一个基地，借以扩大影响力。对此，村民们都不愿意。大家认为十八洞的品牌不能丢，合作的底线就是开发十八洞牌矿泉水，而不是只提供原材料的生产基地。因此，招商引资一直未能成功。

2017年4月底，湖南步步高集团董事长王填进村调研扶贫，在察看水源、品尝山泉、取样检测后，他看中了十八洞山泉水的独特水质，也看中了十八洞的发展势头和村民们致富的决心，决定投资开发山泉水。当年7月，双方开始筹备合作事宜，并很快达成合作协议：由步步高集团"一条龙"全程开发销售十八洞牌矿泉水，十八洞村集体以资源和品牌入股，占15%的股份，每年保底分红50万元；劳务用工优先安排十八洞村民；同时每销售一瓶水，提取1分钱作为村扶贫基金。水厂由步步高集团全额投资，以"共享"的原则帮助村民脱贫致富，既能让村民享受到占股分成，又能直接解决当地劳动力就业问题。就这样，一个小山寨和中国500强企业联手，在山沟沟里建起了矿泉水厂。

十八洞村山泉水厂项目由步步高集团总投资3000万元开发，分两期建设：一期占地2600平方米，以生产瓶装水为主；二期占地4000平方米，生产家庭日常所需的大桶饮用水。建设期间，为了让这一方山水造福百姓，步步高集团日夜赶工，村民也倾力支持，仅仅用了161天，水厂就建成投产并推出了生态环保的好水——"十八洞"山泉水，创造了令人惊叹的"十八洞速度"。2018年3月22日，十八洞村山泉水对外发售，正式走向市场。由于水质好，营销到位，十八洞山泉水产品很快打开了市场，不仅在各种展会上受到好评，还摆到了中央领导的桌上。中车株机公司签下连续5年每年3万件的山泉水采购合同，并携手十八洞山泉水打造"十八洞蓝书包"基金，每售出一瓶山泉水自动捐赠5分钱，所筹资金全部用于十八洞村贫困学子的贫困助学，如购买学习用品、设立奖学金等。

引入现代企业开发乡村的特色资源是不少村庄借力发展的做法，对于企业来说，也是彰显企业社会责任的重要途径。十八洞山泉水的开发直接为村集体经济带来了丰厚的收入，投产当年，村集体的账户上就收到了50.18万元分红。如今，十八洞山泉水厂水的产量可达每小时1万瓶，旺季连续几个月加班生产还是供不应求。山泉水给村民带来了稳定的增收渠道，也直接为十八洞村提供了十多个就业岗位，成为十八洞村一项长久性主打产业。

5.劳务输出

严格地说，一个村庄的劳务输出，算不上是村庄的一个产业。但在城镇化的大潮流中，通过有组织、有引导的劳务输出，使农村富余劳动力的就业得到保障，收入比较稳定，对于农民家庭增收的意义重大，而对于一个村庄来说，劳务输出形成的整体收益，往往比一个甚至几个支柱产业的收益更为重要。

对曾经除了种田几乎无任何其他出路的十八洞村人来说，外出打工无疑是一个好路子。于是，一个人带着一拨人，一拨人带着一村人，男男女女，凡是有劳动能力的，几乎都外出打工了。习近平总书记考察十八洞村以前，全村有数百人先后远走他乡，他们有的通过务工或经商获得了较好的收入，也有的因缺乏技能导致就业不稳定，收入较低，并不能带动贫困家庭走出贫困。虽然近年来十八洞村发展了猕猴桃种植、乡村旅游、苗绣加工和山泉水加工等产业，但发展高水平的劳务输出经济，仍然是十八洞村村民脱贫致富的重要路径之一。为提高劳动力就业质量，驻村工作队和村干部通过积极开展农村劳动力技能培训和就业服务，引导和帮助外出劳动力获得了稳定的就业岗位和劳务收入。

十八洞村务工者的主要劳务输出目的地是深圳和广州。扶贫工作队和村干部们一方面摸清沿海地区的务工需求，做到有针对性地输送务工人才；另一方面，逐户摸底核实劳动力资源的基本信息，做到劳动力资源底数清、掌握技能情况底数清、培训需求底数清、就业意愿底数清。同时，村干部和务工人员举行座谈，了解务工人员的苦恼和问题，鼓励建档立卡贫困群众鼓起勇气走出去，并努力为务工人员搭建良好平台，帮助群众转变思想、更新观念。在培训方面，紧盯村民冬闲及青年返乡的有利时机，驻村工作队和村干部联合相关部门，分类型、分批次对符合条件的村民进行劳务技能培训，动员村寨的建档立卡贫困青年、返乡创业青年、农村青年致富带头人及通过社会报名的部分农村青年积极参加就业培训。为了使外出务工人员的工作更稳定、收入更高，村委会加大高技能和紧缺技能培训力度，开设专门的技能培训班，紧紧围绕市场需求和劳动力意愿实施精准培训，培训领域涉及家政服务、焊工、电工、餐厅服务等各个方面，全面提升参训人员的综合素养和技能水平。在这一系列举措的推动下，十八洞村外出务工人员的就业能力与水平得到了明显提高。

相对于蓬勃发展的城市来说，当前农村就业渠道相对狭窄，进城就业在较长一段时期内仍将是农民增收的重要途径。而对于贫困群众来说，增加就业是最有效最直接的脱贫方式。只有解决贫困劳动力的就业问题，他们才能获得稳定的收入，真正实现脱贫。十八洞村通过劳务培训与就业服务促进了外出劳动力素质的提高，凝聚了乡村发展合力，增强了群众致富信心。2020年，虽受突如其来的新冠肺炎疫情及全球经济萎缩的冲击，全村仍有200余名富余劳动力在外稳定务工，不少人凭着掌握的技能就业，收入稳定且可观。

三、经济重构

在中国波澜壮阔的脱贫攻坚战中，推动贫困村庄的经济转型从来都被置于重中之重的地位。在精准扶贫的推动下，十八洞村以激活主体为突破口，以产业扶贫为抓手，推动了产业结构、生产空间、生产方式的重大转变，实现了村庄经济的全面重构，为全面脱贫走向振兴铺平了道路。

1. 产业发展演进

一个村庄的产业与其资源禀赋、人们的劳动习惯与经验紧密相关，往往历经多年积累、调整而形成，改变村庄的产业也不是一朝一夕就能完成的。精准扶贫前，十八洞村产业零乱，并没形成支柱产业；精准扶贫后，在各方面的帮助下，十八洞村在产业结构上发生了颠覆性的变化，上述提到的村庄五大支柱产业，都是重新布局和培育的。更为重要的是，这些支柱产业在发展演变中，产业之间的联系日益紧密，实现了协同发展，催生了一系列新业态新模式，为村庄的稳定脱贫和可持续发展提供了产业支撑。对于一个村庄来说，这种产业演变的速度与效果是惊人的，但其演变的历程也是复杂的。精准扶贫以来，十八洞村的产业发展大致经历了两个阶段。

第一阶段（2014—2017年）。这是十八洞村产业发展的探索布局阶段，主要是弥补产业发展短板，找准产业发展优势，构建产业发展的基本框架。在这一阶段，十八洞村的产业布局形成了以猕猴桃、烤烟、野生蔬菜、冬桃、油茶为主的种植业，以湘西黄牛、生猪、山羊、稻田养鱼为主的养殖业，以苗绣织锦为主的民族工艺品制造业，以农家乐、红色旅游为主的旅游产业。全村在2014年形成烤烟318亩、西瓜183亩、野生蔬菜41亩、油茶30亩、冬桃4060株的种植产业规模；采取散户和大户相结合的模式，以湖南德农牧业公司为龙头，重点支持养牛大户、养羊大户各2户，生猪养殖大户1户，带动其他散户共同发展。这一期间，探索了异地土地流转和"合作社+农户"的猕猴桃种植"飞地经济"新模式，并取得实际性进展；组建了十八洞苗绣专业合作社，组织培训留守妇女发展苗绣产业，并进一步与中车集团、吉首金毕果民族服饰公司签订了订单协议；规划发展乡村特色与民族文化旅游，积极培育以农家乐、红色旅游为主的旅游产业，2016年引入首旅华龙旅游实业公司、消费宝（北京）资产管理公司，以十八洞村为核心，规划"蚩尤部落群"旅游景区，其间共计接待游客

40余万人次，旅游产业粗具规模。

第二阶段（2017年至今）。这是产业结构的调整与确立阶段，这一阶段，十八洞村进一步明确发展思路，调整和退出部分短期产业，确立旅游、猕猴桃种植、苗绣加工等为核心产业，加快与外部市场接轨，基本完成产业的重构。在种植业中进一步突出猕猴桃产业和养蜂产业，打造精品猕猴桃出口示范基地，推进线上线下同步销售，打造品牌。在养殖业中，仅保留市场竞争力强的养蜂产业，成立十八洞村苗大姐蜜蜂养殖专业合作社，重点扶持10余户村民养蜜蜂，2019年户均纯收入在15万元以上。这一期间，旅游业得到快速发展，成立了十八洞农旅专业合作社、十八洞村旅游公司，农家乐在"五个统一"标准下规范经营，2018—2019年共计接待游客70余万人次，旅游总收入320余万元；苗绣产业稳步发展，形成纪念品和服饰两类主要产品，在十八洞苗绣专业合作社、十八洞村戴雅苗绣针织专业合作社等的带领下，苗绣年产值稳定在20万至30万元之间。新增了十八洞村山泉水产业，按"50+1"分红模式，与步步高集团合作开发十八洞村山泉水，2018—2019年共计实现集体经济收入116.43万元。与此同时，人才回乡创业增多，农村电商、民宿、文化创意等新产业新业态逐步兴起，产业链不断延伸，价值链得到拓展。尽管外出务工仍是十八洞村经济的重要构成部分，但外出务工人数比例下降到原来的三分之一，收入占比降到50%左右。

在产业扶贫的推动下，十八洞村的产业类型由传统的种养业和务工经济向乡村旅游、猕猴桃种植、苗绣加工、山泉水加工和务工经济等协同发展演变，传统村庄已经由封闭、孤立小农生产的自然经济向社会化生产的现代商品经济变迁。但产业的发展是无止境的，十八洞村在既有产业基础上的产业调整仍将继续，当前的村支两委带领村民还在探索十八洞品牌共建共享等新的发展道路，十八洞村也正吸引着越来越多的社会投资力量进入。如正在推进的十八洞田园综合体建设项目，拟将十八洞建成集现代农业、文化旅游、田园社区等功能于一体的区域发展共同体。显然，十八洞村的产业正在向现代化的方向快速迈进。

2.生产空间演变

与产业演变一致，十八洞村的生产空间也不断演变，呈现出以农业生产空间向非农生产空间大幅度转移以及农业生产空间调整优化为主要特征。

在第一阶段，传统的烤烟、野生蔬菜、冬桃、油茶种植，湘西黄牛、生猪、山羊、稻田养鱼等养殖空间几乎没有发生变化，但猕猴桃种植以"飞地经济"形式将生产空间外迁至邻近的道二乡紫霞村、辽洞村（即后来的湘西州国家农业科技园区），占地1000亩；苗绣加工场地分散在各家各户，合作社带头人石顺莲家的堂屋成为苗绣加工培训和展示场所；梨子寨8家农户率先发展农家乐，农户住房及庭院成为农家乐经营场地。这一阶段，生产空间仍是生活空间在功能上的拓展，生活和生产空间仍高度重合。一个重大的变化是，为了满足规模化种植的需求，以"飞地经济"形式外迁了种植空间。

在第二阶段，由于湘西黄牛、生猪、山羊等养殖业的调整退出，其生产空间改造转化为生态、生活空间，而农家乐、苗绣加工的生产空间不断拓展，如农家乐由8家增加到13家。此外，还增加了十八洞山泉水厂等生产空间、蜜蜂养殖生产空间。同时，乡村旅游生产空间不断扩展，一方面体现为旅游路线的不断拓展，另一方面新建了停车场、游客集散中心、土特产集市、旅游产品展示厅、精准扶贫展馆、民宿、思源餐厅等生产空间。这一阶段，生产空间调整程度更高，拓展范围更大，并且以非农产业生产空间建设为主，而主要的驱动力则是乡村旅游产业的发展和山泉水厂的建设。

村庄的发展不是孤立的，往往与周边区域有着要素、产业等多方面的交流。当十八洞村成为脱贫攻坚的一张名片后，它对周边村庄也产生了辐射作用。尤其是十八洞村正在推进品牌的共建共享，将周边村庄的特色种养、休闲农业与乡村旅游资源整合起来，共享十八洞品牌，推进品牌联动，从这一探索来看，十八洞村的生产空间正在全方位跨村拓展。

3. 生产方式转型

十八洞村产业类型的演变与生产空间的重构同样带来了生产方式的变化。在精准扶贫以前，十八洞村的种养业未成规模，多以家庭为单元分散种养，组织化程度低。而且，这种自给自足的传统农业生产的主体还是留守妇女、留守老人和留守儿童等"三留守人员"，不仅效率低，产出也低。精准扶贫以来，随着产业类型向多元化、一二三产业融合化发展，生产方式也越来越现代化。

生产规模化、标准化程度不断提升。如以"飞地经济"形式建立的1000亩精品猕猴桃基地，猕猴桃的绑枝、浇水、测温、采摘都有严格的标准规范，育种和病虫妨害有专家团队指导。菜、果、茶等种植也由原来的零散种植走向有计划有技术指导的专业化种植。山泉水加工方面，建立了现代化的十八洞山泉水厂，引进先进的自动化生产线，实施现代企业管理。苗绣加工中，与高校、企业、苗绣非遗传承人合作，实现了产品设计创新、绣制流程规范等。

生产组织化程度不断提升。十八洞村在发展特色产业中，注重发展农民自愿联合的互助合作，提高农民的组织化程度。如先后成立了包括养牛专业合作社、养兔专业合作社、养猪合作社、养蜂合作社、油茶种植合作社、山羊养殖合作社、果桑种植合作社、苗绣合作社等在内的10多家农民专业合作社，2018年又成立了十八洞农民农旅专业合作社，全村村民入股土地800余亩。同时，发展与企业的合作经营，引入苗汉子公司合作开发猕猴桃产业，引入步步高集团采用"50+1"分红模式共建十八洞山泉水厂。尽管后来一些专业合作社因专业转型而退出，但农民自我组织起来发展特色产业已经成为共识。为加强组织引导，村寨又成立了十八洞经济联合社，实行"党支部+经济联合社+农旅农民专业合作社+农户"的模式，实现了生产经营组织化的进一步提档升级。专业合作社、企业等新型经营主体的参与，以及股份制等利益联结机制的应用，不仅提升了生产经营组织化程度，而且有力地推进了村庄现代化进程。

生产形式的多样化、融合化程度不断提升。在经过几年的产业调整后，一二三产业融合发展无疑成为十八洞村产业发展的重要特征，乡村旅游在其中起到了核心作用。与之相对应的是乡村旅游与特色种养、苗绣加工、传统节庆、民风习俗实现了融合发展，生产形式也更加灵活多样、彼此融合，如村民的民俗活动表演也是旅游产品的生产过程，特色农业的生产经营融入了旅游服务之中等。

4. 市场范围拓展

精准扶贫之前，十八洞村基本上以自给自足的经济为主，农产品方面，烤烟、西瓜等经济作物虽然面向市场，但是规模小，对于一家一户来说只是补贴家用而已。其中，烤烟主要按指标生产，然后由烟草管理部门统一收购；西瓜等经济作物由于规模小，也大多由村民自行到乡镇集市售卖。除了外出务工人员以外，留守村民的经济活动、市场范围大多局限于本乡镇和花垣县。外出务工人员大部分在沿海发达地区打工，也有少数人出国打洋工，还有一部分则在花垣县、吉首市等周边城市打零工或做小买卖。

精准扶贫以来，特别是随着猕猴桃种植、苗绣加工、乡村旅游、山泉水加工等支柱产业的发展，十八洞村经济活动的市场范围发生了显著变化。村内建起了土特产交易和展示中心、苗绣展览中心，村民和来自全国各地的游客可以在此自由交易。同时，还配套有中国邮政等物流运输服务，游客无须担心携带不方便。十八洞村在吉首市、花垣县城等周边城市设有销售门店，专门销售十八洞村的苗绣和各种土特产品。此外，借助合作伙伴的销售网络拓展市场范围，如苗绣作为纪念品随中车集团走向"一带一路"沿线国家，十八洞山泉水作为政府会议用水进入各级政府会场，来自全国各地的游客使十八洞村的产品和服务走向全国，走向世界。

在互联网时代，产品市场的范围变得越来越无边界。为解决农产品销售问题，十八洞村率先在湘西州推行电商扶贫，利用现代营销手段，借用中国邮政的"邮三湘"网络平台、京东商城、"湘西为村"等平台将农产品销往全国。随着网络销售模式的演进，网红带货成为新趋势，十八洞村又不失时机地借用线上销售的网红直播带货，把苗寨产品打造为"网红"爆款，如"网红"代表"小阿妹"施林娇把村寨的各类产品通过直播带货送达全国乃至全球的大市场之中。生长在这个偏远苗寨的十八洞村"网红三小施"施康也很敏锐地意识到，进入"5G"时代以及受新冠肺炎疫情的影响，网上购物已成为不可阻挡的趋势，这也为乡村创业提供了巨大机遇。

但消费者对网红带货的质疑也在不断增多，主要原因是视频推介的品种品质与实际的品种品质不一致。毕竟，网红带货只是一种营销手段，而非决定农产品质量与品种的生产方式。因此，网红带货需要根据消费者的需求引导生产，市场需要什么样的商品种类、品质，就引导村民生产什么样的种类、品质，再推送什么样的种类、品质。

同样，十八洞村的网红带货也要根据其特色，制订相应的营销规划：打算带货卖哪些产品，哪些产品可以带货、哪些产品不可以带货；春夏秋冬四季要分别卖什么，每一个季节就要有相应的产品生产。消费者需求大的就扩大规模，集中力量来做，使带货与村庄的生产无缝对接，从而使村庄产业发展走向可持续发展的轨道。比如春天卖竹笋，就要规定按照什么标准生产，凡是品质不符合标准的都不推送，既要保证品质，又要高质高价，决不能以量取胜。十八洞村就那么多地，搞不了大规模生产，那就卖绿色生态、卖苗家文化、卖精品、卖品牌，走高端化、精细化的农业发展路线。最核心的，是网红直播带货要引领村庄生产结构的调整。

5. 就业结构变化

伴随村内产业的重构，十八洞村村民的就业类型和结构也发生了显著变化。2013年以前，全村有三分之二的青壮年劳动力外出务工，有多人长达10余年未返过乡，"留守人员"在家从事传统种养殖业或待业。精准扶贫以来，外出务工比例由三分之二降到三分之一，其中2014年至2016年间，包括远在杭州、迪拜、乌克兰等国内外务工的100余名村民陆续返乡创业。村内开设了10余家农家乐，设立了100多个市场摊位，有10多户养殖蜜蜂，近100名家庭妇女从事苗绣加工，60多人在村内旅游公司和山泉水厂上班，还有3名大学生返乡就业担任旅游公司和水厂的管理人员。2019年，十八洞村共有480多个劳动力。其中，在外面打工的181人，在村内就业的230多人，村民的就业类型发生转变，多元化、现代性、体面性的就业岗位成为村民的主要选择。

在就业多元化方面，原来村民要么外出打工，要么留村种地养羊，打工也主要是在工地上干苦力活或在工厂的流水线上作业。现在，新职业不断涌现：农家乐老板、民宿店主、讲解员、票务员、摆渡车司机、保安、保洁员、绣娘、工人、厨师、服务员、短视频"网红"等，可选择的就业岗位不断增多。在就业现代性方面，现有的就业岗位技术含量和综合素质要求更高，在工作岗位上通过"干中学"提升自身能力的锻炼机会也大大增加。这对于增强村民素质，使其适应农业农村现代化有着重要的作用。在就业体面性方面，产业结构调整优化后的十八洞村，由单一的传统农业向非农化、"三产"融合化发展转型，就业岗位也从单纯的"面朝黄土背朝天""雨天一身泥晴天一身灰"的体力劳动、简单劳动向"风吹不着、雨淋不着"的体面性、多元化劳动形式转变，让村民在工作中感受到更有尊严、更加体面。

就业结构的变化，最终体现为收入水平的提升。现在的十八洞村家家户户都根据自身实际情况找到了致富门路，村集体经济的壮大也为村民增收提供了有力保障，村民人均收入从2013年的1668元，增长到2017年贫困人口全部脱贫时的10180元，再增长到2019年的14668元，6年时间增长了近9倍，这无疑是十八洞村经济发展水平全面提升的一个显著标志。

第三章

村庄治理

　　作为纯苗族传统村落的十八洞村，近几年的村庄治理变迁，既是传统秩序逐渐解构的过程，又是治理制度现代转型的过程。其主要表现在，家庭权威与公共权威向着现代化演变的苗寨权威变迁；升华治理能力和水平的自治、德治与法治融合向着多元治理模式探索实践；民族村落传统与新时代治国理政结合的乡政、县政与村治关系出现新的变化，这些都深深地烙上了乡村治理现代化的中国印记。

一、苗寨权威

中国乡村在古代很长一段时间奉行皇权不下县的治理理念，村庄治理实行国家间接参与、宗族主导治理的村庄自治，其中非国家的自治权威和宗族权威发挥了重要作用。行至近代，特别是改革开放以来在社会加速转型中，中国的国家治理逻辑逐步从权力本位向权利本位转变。[1]乡村治理权力也正经历着政治领域权力的相对减弱、经济领域和社会领域的权力逐渐成长的过程，传统的政治领域垄断一切权力的"单极结构"正在向三个领域分享权力的"多极结构"转变，乡村治理无疑深受国家社会转型大趋势的影响。十八洞村作为少数民族村寨，其村寨治理权力的变迁在新时代非常明显，首先表现出来的是村庄权威的变迁，其中最重要的是家庭权威向村寨公共权威的转变。

1. 家庭权威

家庭是村庄治理的基本单位，中国历朝历代的村庄治理都是以家庭为基础的。在学者孙立平看来，中国的社会整合经历了一个从

---

① 夏志强：《国家治理现代化的逻辑转换》，《中国社会科学》2020 年第 5 期。

传统社会的先赋性整合（以血缘、地缘为基础），到改革前的行政性社会整合，再到契约性社会整合的历史性变革。[1]可以说，中国传统社会整合的基础就是围绕血缘而构建的稳定的家庭关系。

家庭作为乡村治理最基本的单元，有着深刻的历史背景和现实需求。费正清曾将中国的家庭制度概括为"中国式家庭"，认为正是中国的家庭制度，使得中国农民在面对极端的困苦生活时，仍能维持一种高度文明的生活，中国是家庭制度的坚强堡垒，并由此汲取了力量和染上了惰性。[2]古人所谓"修身齐家治国平天下"，这里的"齐家"之"家"虽然最初是指的"采邑"，但后来多数时候用来指称"家庭"。能否治理好家庭是衡量一个人能否立足于社会的重要条件，故而有些齐家治家突出的范例受到了世人的推崇敬仰，总结其经验而成的家训还能够代代相传，如诸葛亮的"诫子书"、颜之推的"颜氏家训"、曾国藩的"曾氏家训"等，在一个时期内成为大众进行家庭治理的学习榜样，有些部分至今还作为经典被传颂。家庭权威是家庭治理秩序维持的基础，主要表现为家庭成员在家庭决策中的话语权。

作为中国的一个传统村落，十八洞村的村寨治理同样是以家庭为基础的，村寨的重大事项都由每个家庭的家长或代表参与决策。家庭不仅有强大的经济功能，而且有丰富的政治功能，村寨治理就是家庭政治功能的突出表现，家庭治理维护家庭的发展与和谐稳

---

[1]　孙立平：《转型与断裂——改革以来中国社会结构的变迁》，清华大学出版社2004年版，第11页。

[2]　费正清：《美国与中国》，张理京译，世界知识出版社1999年版，第21—22页。

定，进而融入村寨治理当中。在传统的家庭结构发展历史进程中，十八洞村形成了"男耕女织""男主外女主内"的基本结构，大多数家庭中男性权威占据主导地位，特别是作为父亲的男性在家庭中有绝对的权威。家庭角色安排同样遵循"男主外女主内"的原则，家庭的一切事务和重要决策一般都是父亲说了算，父亲是家庭中对外交往的"法定代表人"，代表家庭参与村庄的各项活动，表现了父亲在家庭中的家长权威。

十八洞村的传统观念，认为只有男人当家的家庭才是一个完整的家庭，这种传统深刻地影响着村寨内各个家庭秩序的构建。女性始终处于依附地位，经济上依赖家庭，人身上依附丈夫，不仅要受丈夫管制，还要受到婆婆的严厉监视。因此，一般的媳妇在家中地位极低，更谈不上有什么家庭权威。即使从大家庭分家以后丈夫当了家长，女性一般也只承担生儿育女的责任，最多管理家中的厨房和针线活，在家庭中的决策权不大。女性最大的家庭权威是对子女和晚辈进行管教，以及成为婆婆后对自己的儿媳妇进行监管，所谓"年轻媳妇熬成婆"，婆婆对儿媳妇具有绝对的权威。

随着新型城镇化的推进，十八洞村的社会变迁和社会流动加速，同时也促使村寨内的家庭权威结构发生变迁，主要表现在女性家庭地位的崛起、子女家庭事务参与的程度增强、父权权威民主化三个方面。这种趋势标志着以乡村血缘族亲维系的生存方式的不断瓦解，是农业社会转型为工业社会的社会文明演进。如恩格斯在《反杜林论》中所阐述的，"一切传统习惯的约束、宗法制从属关系、家庭都解体了"①。

女性家庭平等权得到增强表明女性家庭地位正在崛起。在村寨传统生产生活方式下，主要由丈夫挣钱养家，管理家庭钱财，打理家庭事务，妻子因无法获得足够的经济收入，对家庭的贡献相对较小，加之长年生活在一起，经济开销和外出行动都必须经过丈夫允许，因此丈夫的家庭权威非常稳固。城镇化进程中，经济发展和社会变迁加速，导致村庄家庭权威结构产生非常明显的变化，这种变化发生在十八洞村主要有两种表现：一方面是父权衰落；另一方面是核心家庭夫妻关系中女性地位上升。②随着改革开放的不断推进，十八洞村女性随着打工潮流外出务工的人数越来越多。人口流动使夫妻之间的距离发生了较大的变化，丈夫的控制力逐渐降低。同时，妇女通过外出或在本地劳动，不仅有了经济收入，而且其获得的经济收入成为家庭经济收入中重要的一部分，这种经济方面的贡献自然不断提升着女性在家庭中的地位。此外，外出打工的女性增长了见识，世界观、人生观、价值观也发生了变化。而对于那些留在村寨的女性而言，因为精准扶贫的实施，随着村寨外来人员的不断增多，以及苗绣合作社、种植业合作社和歌舞队等组织的成立，她们"抛头露面"的机会多了，社会交往面扩大了，接触外面世界的机会多了，原来的家庭观念受到了较大的冲击。加之农村普法工作的深入推进，男女平等观念逐渐成为村庄社会常识。妇女的

① 《马克思恩格斯全集》（第二十卷），人民出版社 1971 年版，第 706 页。
② 张莉：《当代农村婚姻关系的变革与形态特征》，《华南农业大学学报（社会科学版）》2018 年第 3 期。

家庭地位不断提升，逐渐在家庭建立权威，成为家庭权威变化的一个重要方面。关于这种变化，苗寨的"90后"施康曾这样说，家里尽管是父亲当家，但母亲在家里说话也算数。这种现象背后，反映了新的家庭生产生活方式的变迁，家庭民主风气的逐渐形成离不开它的经济基础。女性在家庭经济中有了足够的贡献，自然享有了相应的权力，同时作为家长的丈夫，思想也已经转变，不再坚持一个人对家庭的绝对控制权。

家庭权威另一个比较大的变化是子女的家庭地位也在提高，具体表现为他们在家庭中话语权的提升。改革开放以前，十八洞村人的宗族观念较强，家长在家庭中有较高的权威，子女一般对家长言听计从。但随着子女外出打工或者外出就学就业，家长已经较难控制子女的经济活动，于是子女在家庭中就有了一定的经济话语权，并且能够以个人收入对家庭提供经济支持。在此转变下，许多父母逐渐对长大的子女不再严格控制，而是适当给予独立性和话语权，有的父亲甚至完全放弃自己的家庭权威，让子女及早当家做主。家庭权威的这种变迁具有深厚的社会变迁背景，城乡之间的人员流动和经济交往，促使家庭关系结构发生深刻的变化，传统家庭逐渐走向新式家庭。空间距离的拉大不仅分化了家庭成员，也弱化了家长对家庭成员的掌控，特别是对家庭成员经济收入的掌控。因此，走出村寨的年轻人，实现了经济和人格的双重独立。

家庭决策的民主化趋势也是家庭权威变迁的重要特征。家长制与家庭的"一言堂"是相连的，这就造成普通家庭成员难以有参与家庭决策的机会。但是，时代的变革正在强烈冲击着这种旧的决策方式。现在的十八洞村，在新的生活方式的浸润下，许多家长在家庭中已不再搞"一言堂"，家庭成员的地位得到普遍提升，遇到家庭中的一些大事，往往是通过共同商量、民主决策进行解决。比如，村民施进兰在习近平总书记来村考察时任村主任，现在又专门负责管理村旅游公司，可以说是一个有头有脸有权威的人物，但他却是一个比较民主的人。他的儿子施康说："我也比较听他的，但是我有一些想法也会跟他一起分享。爸爸也比较尊重我的意见，我的一些主意他也会尊重。其实，有时候我会跟他私下讨论一些问题。"这就表明新时代的父母、新时代的家庭，已经基本抛弃传统父权社会家长"一言堂"式的做法，走进了民主化时代。

家庭权威的变迁与家庭成员现代意识的提高有着密切的关系。十八洞村人大多在江浙一带打工，主要从事现代通信行业等服务工作；通过亲友老乡的"传帮带"，有的甚至去了国外打工。走出大山的十八洞村人，接受了城市现代化生活方式和工业化生产方式的洗礼，正如马克思所言，"很大一部分居民脱离了乡村生活的愚昧状态"[①]，因而村民从村寨的传统社会观念中解放出来，对家长专权的畏惧不断降低，对家庭的权威不再盲从，年轻人平等意识和自立能力得到了很大提升，在家庭中的决策地位和话语权威自然也就随之增强。

2. 公共权威

乡村政治现代化是在国家政治现代化的背景下推进的，美国学

---

① 《马克思恩格斯选集》（第一卷），人民出版社1972年版，第255页。

者亨廷顿曾指出，政治现代化的内容首先"涉及权威的合理化并以单一的、世俗的、全国的政治权威来取代传统的、宗教的、家庭的和种族的等等五花八门的政治权威"①。改革开放带来的农村经济体制改革直接导致了人民公社体制的瓦解，既定的农村权力结构受到挑战，单质的一体化权力格局开始分化和分层，村庄场域开始出现前所未有的国家—村庄精英—普通村民的三重互动架构，而其中国家权力居主导，对其他两类权力保持强有力的影响，如国家权力以制度化形式或乡政介入村庄治理。②随着城镇化的推进，十八洞村的村庄公共权威也发生了明显的变化，表现在家族权威影响力降低、官员个人公共权威相对减弱、经济权威增强、技术权威崛起和法治权威普遍化等方面。

其一是家族权威影响力在村庄公共事务中的作用明显降低。作为传统村落，一个大姓或一个在苗寨势力很强的家族，可以左右村庄社会的许多事情，是村庄公共权威的重要组成部分。改革开放以来特别是精准扶贫后，十八洞村公共事务的决策，主要由驻村扶贫工作队、村党支部、村委会按照法律和政策所规定的程序进行，驻村扶贫工作队和村党支部、村委会发挥着领导、组织、协调作用，大家族左右公共事务的状况已经不复存在，村庄成员都必须遵守村规民约。当然，也有一些旧俗现在仍在发挥作用，比如喝血酒的苗族传统仪式，至今仍然存在着一定的社会基础。一旦有人犯了众

① ［美］塞缪尔·亨廷顿：《变化社会中的政治秩序》，王冠华等译，三联书店1989年版，第32页。
② 金太军：《村庄治理中三重权力互动的政治社会学分析》，《战略与管理》2002年第2期。

怒，村民就会相约喝血酒盟誓，把那些犯了众怒的人孤立起来。被孤立的人缺少邻居的守望相助，就很难在村寨生存，甚至最终只能离开村寨。

其二是官员个人的公共权威不断减弱。传统的乡村社会，村民一般对村干部特别是乡镇以上的干部怀着敬畏的态度，信奉着等级区分下的官位权威。新中国成立后，政府成为人民的政府，官员成为人民的公仆，古代那种官民关系逐渐发生了根本性的变化。在十八洞村，随着改革开放特别是精准扶贫的推进，乡村干部在村民眼中的某些权力光环也逐渐消散，现在村民服从领导是因为扶贫干部和乡村干部的工作精神，而不是因为慑于其职务与职位的权威。十八洞村村民见过中国最大的"官"——习近平总书记，看到习近平总书记把十八洞村贫穷的老婆婆叫大姐，后来又见过从中央到县的各级领导干部到自己家里嘘寒问暖，与乡村干部平等的意识就油然而生。在精准扶贫工作推进过程中，发生过十八洞村村民实名举报驻村扶贫工作队队员和村干部的事情，尽管主要是因为对政策的误解，但也说明村民已经不再畏惧干部的个人权威，也不再担心打击报复，这从某一个侧面反映了人的现代化过程。

其三是经济权威因村民重视而不断增强。经济权力是一种因贫富分化而显示的权威性。长期以来，十八洞村处于大山中，村民每人分不到一亩地，相互之间基本处于共同的贫困状态，邻里之间的关系靠千百年来相互守望的乡情乡俗来维持，经济权威处于边缘地位。改革开放以来，工业化、城镇化推动农民不断从土地上分离出来，由农业向非农职业的不断分化，引发农民收入结构的不断变革①，导致乡村社会经济阶层的不断分化。十八洞村与中国绝大多数农村一样，有守望家园、长期从事农业生产的村民，有长期在外打工、很少回乡的村民，有开小车、有城市房产的村民，有游手好闲、不事稼穑的村民等，那种处于共同贫困状态的时代已经不复存在了。特别是精准扶贫后，各种项目、资金进村对村寨的改造引起了村庄翻天覆地的变化，让村民真正领略到了经济的力量。老百姓自觉不自觉间对经济权威的重视不断提高，不仅对致富能人产生了敬佩之情，也无形中对财富增强了向往之心。特别是通过在企业打工，村民更加领悟到经济或财富的权威性，当然也激发了村民脱贫致富的内生动力。

其四是村庄技术权威迅速崛起。世代相传的传统生产方式主要是种地，十八洞村的村民基本都会，特别突出的技术权威并不明显。随着工业化、城镇化带来的技术变革，乡村生产生活中的技术人才地位不断提高，诸如各种家用电器、农业机械、新农药新化肥的使用，以及种养等方面技术含量的提高，使得技术的权威越来越凸显。精准扶贫后，十八洞村出现了很多新产业新业态，这些新产业新业态带来了一定的技术门槛：比如掌握猕猴桃种植技术的人就形成了某种技术的权威；又比如十八洞村兴起电商，一般的村民比较敬重会电商的人，电商知识技术也成为一种技术权威；还比如村民龙先兰因养蜂技术而受到大家的羡慕和尊重，他的养蜂技术也成为一种权威。技术权威是知识时代的权威，随着乡村生活的技术

---

① 陈文胜：《城镇化进程中乡村社会结构的变迁》，《湖南师范大学社会科学学报》2020年第2期。

化，技术权威越来越发挥着改变十八洞村的动力作用。

其五是法治权威成为村庄社会共识。实事求是地讲，以前十八洞村许多事情都不是通过法律途径解决的，极少有人进法院打官司。一旦发生纠纷，一般都是通过村寨里有威望的长者或者乡村干部调解。所以，解决利益冲突问题时，村民首先想到的不是法律政策而是找熟人帮忙。随着法律知识的普及、法治观念的强化、法治社会的推进，村民越来越重视法律，逐渐认同法律是解决纠纷的良好手段，也是保护自己权利的可靠保障。特别是精准扶贫以来，十八洞村大小合作事情都要签订协议，处理大小问题也都是根据国家的法律政策完成的。甚至有个别村民面对扶贫工作队和乡村干部的少数不合理行为，声称要将他们告上法院，希望依靠法律维护自己的权利。法治权威在苗寨的建立，给村庄社会的发展提供了现代化的制度保障，法治权威成了村庄社会的正式制度权威。

二、多元治理

古代乡村治理之所以皇权不下县：一方面是因为皇权掌握的资源有限，养不起那么多官吏；另一方面是因为乡村的自治具有很强的修复性，外来权力不需要过分干预。而今天，随着城镇化的日新月异，中国村庄治理正日益走向国家化和政治化。①对于十八洞村而言，更是因为村党支部深入推进"组织建设、村级管理、村民议事、村务监督、村级发展、自身建设"六个方面工作，因此在乡村治理中建立了规范有效的工作制度体系。

1. 基层党建

党的十八大以后，党对农村工作的领导逐步加强，强化了基层治理的根基。在此背景下，对于如何在苗族山寨发挥党支部的战斗堡垒作用和党员的先锋模范作用，十八洞村进行了一系列创造性的探索，其中很重要的一条经验就是把加强支部建设同推进"互助五兴"结合起来，以支部建设带动"互助五兴"，以"互助五兴"推进经济建设、政治建设、文化建设、社会建设、生态文明建设"五位一体"总体布局在基层有效贯彻落实。

十八洞村党支部坚持党员走在前面，先把党员的积极性调动起来。所有的党员要亮身份，在亮身份的过程当中，探索建立了党员产业责任制和环境卫生责任制，要求党员负责带头和监督群众，划定党员带动发展产业的户数，赋予党员监督农户环境卫生的责任，发动党员积极参与力所能及的服务工作。从2018年10月起，十八洞村的党员责任制发展为"互助五兴"模式，即坚持发挥党组织战斗堡垒作用，每一个党员联系5户群众，以"五个互助"带动"五个兴"，在引领群众脱贫致富上探索出新的基层治理模式。

第一个是学习互助兴思想。党员和群众共同学习习近平新时代

①　陈文胜：《大国村庄的进路》，湖南师范大学出版社2020年版，第73页。

中国特色社会主义思想；拥护中国共产党的领导，感党恩、听党话、跟党走，爱国爱家爱集体；不等不靠不要，自信自立自强。

第二个是生产互助兴产业。共同学习农村实用技术、经济新模式、市场新业态，壮大当家产业；提高就业技能，互通就业信息，壮大劳务经济；推动小农户与现代农业有效衔接，积极参与各类农民合作经济组织，支持发展壮大村级集体经济。

第三个是乡风互助兴文明。引导党员群众积极践行社会主义核心价值观；倡导和参加健康有益的文化生活，推动移风易俗；遵纪守法，践行村规民约，坚决反对邪教、抵制黄赌毒等不法行为。

第四个是邻里互助兴和谐。引导互帮互助处理邻里家事；合理表达诉求，主动化解矛盾纠纷，做到"小事不出组、大事不出村"；积极支持村级公益事业，有序参与公共事务管理。

第五个是绿色互助兴家园。保护绿色生态，守护绿水青山，保持村寨自然风貌；推行绿色生产，推广有机、环保生产方式，降低农业污染；建设绿色庭院，互帮互助美化庭院，建设美丽宜居新家园。

为了推进"互助五兴"落地，十八洞村开展了"三步曲"活动。

第一步，建立互助小组。采取组织引导、党员带头、群众自愿的方式，按照地域相近、双向选择的原则，以"党员+产业大户（或致富能手、社会能人等）+群众"形式，由有帮带能力的党员、村组干部、入党积极分子或后备干部担任组长，就近联系5户左右群众，建立互助小组，结成利益共同体。

第二步，开展承诺活动。按照"力所能及、适宜适度、常态长效"的原则，组长每年年初结合小组实际，围绕五个方面确定任务并公开承诺；结合支部主题党日等载体，定期开展走访，践行承诺，落实互助措施，帮助解决实际问题。

第三步，实施民主评议。村党组织年终结合民主评议、村民代表大会、村民议事会等形式，对互助组开展评比。被评为先进的互助组，组员可在政策、产业、项目等方面按照相关规定优先给予支持；对小组长的评议结果作为党员积分管理、积极分子考察、后备干部考核以及推选任用的重要内容和依据；对群众互帮互助中表现优秀、作用突出的进行表彰，从村级集体经济收益中按照村民议事程序给予一定奖励，并注重从中吸纳入党积极分子和村级后备干部。

随着"互助五兴"及配套措施的不断落实，十八洞村的乡村治理取得了良好效果，基层党建的基础得到了明显夯实。对此，村支部书记介绍道，通过"互助五兴"活动，党员们可以直接参与村庄社会的一些事务，调动了党员为人民服务的积极性。党员所联系的农户如果有想法或者对村庄建设有建议和意见，可以直接通过互助组的党员在村党员会上提出来，形成了群众诉求的有效表达机制。而党员通过"互助五兴"也找到了一种存在感和自我价值。"互助五兴"在十八洞村构建起了人人尽责、人人享有的社会治理共同体，把村支部的治理和村民的自治融为一体，把许多矛盾化解在萌芽状态，推进了乡村治理的精准化和精细化。

村支部书记提到，他所在的互助组有两户人家，一家住在上坡，一家住在下坡。2019年，一个大雨天，由于上面一家的水流到了下面一家，导致下面一家的院里屋里被大水淹了，下面一家于是气势汹汹地去找上面一家理论。这事放在以前估计会闹出很大纠纷，但当时由于两家都是一个互助组的成员，互助组组长知道此事后，迅速采取行动，及时对他们进行耐心调解，最终上下两家都选择息事宁人，矛盾在无形中被化解，两个邻居最终和好如初。

像这样的事情还有很多。比如，有一个互助组里有一个孤寡老人，老伴已经去世，几个女儿也都出嫁，因此一个人孤苦无助，做什么事情都不方便。有一年收割水稻的时候，因为家里缺乏劳动力，老人想要找人帮忙，但一想到自己无法给别人提供帮助，就不好意思开口了。这时，互助组组长知道了这个情况。他主动叫了互助组的另外几户人家去帮老人抢收水稻，最终使水稻及时进了仓。老人非常感动地说："'互助五兴'真是邻里互助兴和谐！"由此可见，有了"互助五兴"这个机制，以前一些不好办的问题有了新的解决途径，不管是在制度层面还是道德层面，都在深刻地影响着十八洞村的发展。

2. 道德建设星级评比

德治是社会治理的重要组成部分，尤其是在村庄一级这样的熟人社会中，道德在维护社会秩序、化解内部冲突中发挥着举足轻重的作用。十八洞村为进一步加强思想道德建设，全面提高村民思想道德水平，创造性地形成了思想道德建设星级管理模式。通过几年的努力，村民的整体思想道德水平得到了有效提升，投身公益事业的积极性得到了显著调动，"团结一心、克服困难、自力更生、建设家园"的十八洞精神得到了进一步巩固。

十八洞村道德建设星级评比有三大目标：第一个是从高从严要求党员干部。把对党员干部的道德教育与社会主义荣辱观教育、党风作风建设紧密结合起来，教育引导他们立足自身、注重言行、清正廉洁、勤政为民，积极践行为人民服务的道德观，自重、自省、自警、自励、立言、立行、立德，用良好的道德形象取信于民，努力成为村民道德建设的示范群体。

第二个是从实从长要求广大村民。把村民道德建设放在思想道德建设的首位，强化民德教育，加强民德宣传，完善制度建设，严格考核管理，要求村民以德修身、文明礼貌、孝顺厚道、关心他人、勤俭节约、讲究卫生、遵纪守法、诚实守信、鄙弃不良嗜好、关心支持公益事业，做先进思想的传播者、精神文明的影响者、人格道德的践行者。

第三个是从细从早教育全村少年儿童。把思想政治教育、品德教育、纪律教育、法治教育、心理健康教育作为对未成年人进行思想道德教育的重点，教育引导他们在家孝顺父母、关心亲人、勤俭节约、热爱劳动，在社会热爱祖国、文明礼貌、诚实守信、遵纪守法，在学校团结友爱、互相帮助、尊重他人、善于合作，在公共场所爱护公物、讲究卫生、保护环境、遵守秩序，在独立面对生活时胸怀宽广、心理健康、勤奋自立、勇于创新，努力成长为合格的社会主义建设者和接班人。

一个时代有一个时代的道德要求，恩格斯说："一切以往的道德论归根到底都是当时的社会经济状况的产物。"①十八洞村道德建设星级评比的主要内容也是根据经济社会发展要求，确立为"四德"教育。

一是社会公德教育。围绕"讲文明 树新风"在全村开展四个"告别不文明行为"活动、"告别手中的不文明行为"，重点解决乱堆乱搭、乱扔乱倒、乱贴乱画、乱停乱放、损坏公物等不良道德问题，培育村民自觉遵守社会公德的思想意识，形成良好的社会道德风尚；"告别脚下的不文明行为"，重点解决践踏农地、加塞抢座等不良道德问题，引导人们讲秩序、讲礼让、讲爱心，形成良好的社会文明秩序；"告别口中的不文明行为"，重点解决随地吐痰、肆意攻击、谈吐不雅等不良道德问题，倡导人们养成良好的文明习惯，在全社会营造讲究卫生、爱护环境、文明礼貌的优美社会环境；"告别脸上的不文明行为"，重点解决苗寨存在的待人冷漠、孤芳自傲等不良行为，倡导村民养成谦虚待人、热情好客的良好行为，在全村构建文明和谐的人际关系。

二是职业道德教育。村支两委引导村民深入学习领会公民基本道德规范和十八洞村村规民约，组织村民结合学习开展自查自纠活动。通过主题学习、研讨会、座谈会、自我反思、调查问卷等形式，对照公民基本道德规范，从以下五个方面查找分析当前村民存在的问题：（1）在思想政治方面，是否与党和政府保持一致，能否自觉履行村民组织法、十八洞村村规民约等规定的义务。（2）在有思想疑问或个人待遇等诉求时，是否采取合理合法

---

① 《马克思恩格斯选集》（第三卷），人民出版社 1995 年版，第 435 页。

的表达方式，有无不当言辞与过激行为。（3）在爱岗敬业方面，是否存在在岗不敬业、在位不尽职等问题，有无不遵守村规民约、思想懒散的表现，有无不思进取、不关心全村大事的心态、行为和违背村规民约的现象。（4）在尊老爱幼方面，有无讽刺、挖苦、歧视、侮辱、虐待老人、妇女、小孩或变相虐待等损害老人、妇女、小孩身心健康的行为。（5）在为人处世方面，有无不遵守社会公德，言行不端，不团结尊重他人，甚至无理取闹、挑拨是非的行为；有无动辄乱训斥、指责他人，不主动与他人沟通联系，不乐意听取他人合理意见和建议的行为；有无直接或变相欺骗他人、偷盗扒窃等不良行为。

三是家庭美德教育。重在重塑现代乡村家风，号召子女积极为父母办实事、尽孝心，给父母更多的关爱。十八洞村利用网络、宣传栏、广播等手段，大力宣传尊老爱幼的模范事迹、模范人物，营造尊老爱幼的浓厚社会氛围，在全村树立起尊老爱幼无上光荣，反之无比可耻的理念。号召村民弘扬敬老爱老的中华传统美德，感恩父母的养育之恩，感恩他人的关怀帮助，感恩党的好政策。教育孩子学会感恩，爱父母、爱老师、爱他人、爱社会，引导他们形成长幼有序、互帮互助、热爱公益、奉献社会的思想，培养他们的善良之心、责任之心。

四是个人品德教育。个人品德是"内在的法"，通过个人品德教育让村民认识什么是善、什么是恶，什么是荣、什么是辱，从而提高个人道德品质，继而"内德于己，外德于人"，促进社会道德进步。在党员干部中开展"讲党性、重品行、作表率"活动，加强个人品德修养，做村民道德建设的表率。在广大村民中开展"学典型榜样、做高尚村民"活动，坚持善良和正义，抵制邪恶和私欲，塑造个人道德情操，提升个人道德品质。

十八洞村的道德教育是通过星级评比的方式促进活动的开展的，道德本身虽然难以评比量化，但是可以对道德外化的行为给予一定的考核，以达到鼓励先进、督促后进的目的。为此，十八洞村制定了道德建设星级评比的标准。

从实践来看，十八洞村道德建设星级评比取得了非常明显的效果。通过这样的评比，全村树立了一批优秀党员、优秀村干部、优秀村民、五好标兵家庭等思想道德建设工作中的先进典型，营造出了学先进、赶先进、争当道德模范的良好氛围，让广大村民学有榜样，赶有目标，见贤思齐，有力地提高了全民思想道德素养。比如，梨子寨在进行农网改造时，村民施六金有一块地位于施金通家后面，为了给附近几户人家供电，就必须要在施六金家地里竖一根电线杆，当扶贫工作队找施六金商量此事时，施六金答应了。后来施工队在实际操作过程中没有再跟施六金本人通气，就在他家地里竖起了电线杆。施六金认为施工队不尊重他，于是破口大骂，扬言要把竖好的电线杆拔出来。之后，他每次喝醉酒后都爱拿这件事来说事，结果让村民对他产生了反感，造成了不好的影响。在道德建设星级评比中，施六金被评为倒数第一。评选结果深深地刺激了施六金，让他的内心受到了极大的震动，促使他深刻地反思自己的行为，认识到了自己的狭隘心理，从此以后他的思想观念开始转变，后来还被评为五星级道德模范。

3.村民自治

村民自治自古以来是中国村庄治理的传统，主要是突出村庄社会的共同体作用，实现村民的自我管理和自我发展。然而，在以前的十八洞村，当地的村民却不愿意当村干部，他们认为在贫困地区当村干部没有意义，相对有能力的人都出去打工了，留守的大部分是老人、妇女和小孩以及一些混日子的人。这种情况导致村民自治流于形式。曾担任过村主任的施进兰介绍说，一直到习近平总书记来十八洞村的时候，当时的村党支部还只有三个人，平均年龄在65岁以上，村委会仅是个"无为而治"的"维持会"。

精准扶贫开始后，根据"四个切实"的基本要求，即"切实落实领导责任、切实做到精准扶贫、切实强化社会合力、切实加强基层组织"，十八洞村以2014年村委会换届选举为契机，配齐配强村支两委班子，基层治理开始全面加强。通过几年的努力，全村测评显示村民对村党支部的满意率从以前的68%提升到了98%，彰显了村党支部的巨大变化，激发了村民参与自治的热情。

以2017年换届选举为例。5月6日成立选举机构，首先推选村民选举委员会，由5~11人单数组成，规定要有妇女代表，设主任1人，由村民选举委员会成员推选产生。然后推选村选举工作监督委员会，由5~9人单数组成，其中应当有妇女成员、党员成员，设主任1人，由监督委员会成员推选产生。十八洞村全村总人口939人，按上级文件精神要求，村民委员会由主任、委员3人（其中主任1名、委员2名）组成。选举工作的具体时间安排非常有序：

表3-1　十八洞2017年村委会选举程序表

步骤	时间	工作
1	2017年5月6日	成立工作机构
2	2017年5月7日	培训选举工作人员
3	2017年5月8日	通过选举办法
4	2017年5月9日至5月16日	选民登记
5	2017年5月17日	提名村民委员会主任、委员候选人
6	2017年5月18日至5月21日	对初步候选人进行资格审查
7	2017年5月26日	公布正式候选人
8	2017年6月11日上午9：00至下午18：00	正式选举

最后，通过村民投票选举，选出了十八洞村的新班子成员：龙吉隆为村主任，龙书优为村会计，吴满金为妇女主任。这样的民主选举，充分体现了十八洞村村民自治的有序性和有效性。

村民自治还有一个最重要的方面，就是村规民约的制定和实施。十八洞村在制定村规民约的过程中，具体的内容由村民提出，充分听取村民意见后，由村干部整理，再经过村民签字同意，所有条款由群众大会讨论通过，最后形成共同约定。十八洞村的村规民约前后经过三个多月才签字完成，总共形成十条，分别是：

第一条，热爱祖国、热爱中国共产党、热爱集体。尊老爱幼，帮助孤寡、残疾、病困乡亲，婆媳邻里和睦相处，热情好客。

第二条，传承苗族文化、民间技艺等，日常生活中男女老幼自觉穿戴苗族服饰，积极参加村寨各种文化活动。

第三条，按一户一宅政策，如需建房需写申请报村支两委和上级有关部门，同意后方可实施。新建房舍一律建木房，拒绝钢筋混凝土进家园。

第四条，解放思想、勤劳致富，支持本村产业开发布局，不得破坏产业基地。

第五条，爱护林木、保护生态。林木采伐须报村委会并申请砍伐证，不能集中或成片砍伐。

第六条，遵纪守法，如发生矛盾纠纷要逐级报告处理。

第七条，爱护环境卫生，家庭卫生区要每天一打扫，随时保持清洁。"红、白"喜事善后，户主需及时打扫卫生。

第八条，保护溶洞景观，任何人不得私自进入溶洞破坏景观，积极支持村寨修路、修水、农网改造、停车场等公益事业建设，不计较个人得失。

第九条，节约用水，反对浪费，自觉遵守自来水管理办法。

第十条，村民违反村规民约，经查实后将在思想道德评比中降一星级等次，触犯法律的移送司法机关处理。

为了便于村民理解村规民约，十八洞村后来把村规民约改编成了"三字经"：

> 十八洞，是宝地，将你我，来养育；
>
> 习主席，来调研，大发展，抓机遇；
>
> 建设好，文明村，本条约，要牢记；
>
> 爱我家，爱集体，跟党走，志不移；
>
> 务正业，谋生计，勤劳作，同富裕；

多学习，守法规，坏行为，要抛弃；

除恶害，禁恶习，不赌博，灭劣迹；

村代表，带好头，省自身，树正气；

搞建设，经审批，遵章法，守规矩；

用水电，不违纪，村公物，要爱惜；

每个人，顾大局，促全村，小康去；

好青年，有志气，立大功，保社稷；

公益事，多出力，建勤工，积极去；

幸福家，优生育，生男女，都福气；

嫁女儿，娶儿媳，破旧俗，创新意；

哪一户，有困难，全村人，都出力；

敬老人，合伦理，对子孙，重教育；

邻里间，真情谊，相互帮，同兄弟；

讲文明，行礼义，宽待人，严律己；

讲卫生，好习气，环境美，有秩序；

倒垃圾，不随意，砖瓦柴，摆整齐；

猪狗羊，鸭兔鸡，要圈养，重管理；

管理权，让于民，知情权，要知悉；

监督权，善应用，保大家，好利益；

此条约，大家立，执行好，都受益；

遵传统，道德升，求发展，齐努力。

改编的"三字经"很通俗地总结了十八洞村村规民约的内容，朗朗上口，便于记忆和传诵。同时，为了使村规民约更具有可操作性，十八洞村进一步制定了《十八洞村村规民约管理办法》。这个办法并不是村规民约的简单扩展，而是对十八洞村级管理中的一些具体问题进行了可操作化规定，既有奖励规定又有处罚措施，为村寨的自治奠定了坚实的基础。具体内容如下：

第一条，思想道德管理。对待游客要文明礼貌，产品不乱抬价，保持淳朴民风，全方位维护十八洞村"美丽"形象，发现辱骂游客、"宰客"等现象，初次批评教育，再次在全村进行通报批评，三次将取消摆摊设点资格。

第二条，民族文化管理。传承和发扬民族文化，日常生活中男女老幼自觉穿戴本民族服饰，对做得好的家庭在思想道德建设星级评比中加分。

第三条，土地管理。一是严格按规划用地。村民建房（包括养殖场、种植园等）要写申请报村支两委和上级有关部门，同意后方可实施。新建房舍一律使用木质结构，不符合者不予批准或拆除。二是任何人不得非法占用村集体或他人的耕地、自留地、宅基地及荒山、林地。三是未经批准强行占用耕地、村间道、停车场、交通要道等的违规建筑要坚决拆除，占用者自行恢复田、土、道路原貌，若不恢复原貌实行罚款，如不服从强制执行。

第四条，生产管理。自觉管理好自家的猪、牛、羊、狗等牲畜，不让牲畜破坏生产，一旦破坏，则按所破坏的庄稼收成的同等价值进行赔偿。村民不得破坏产业基地，破坏者照价赔偿。

第五条，林业管理。一是采伐林木必须报村委会并申请砍伐证，在村委统一规划下有计划地选伐木地点，采伐者必须事后补植不少于所伐数量两倍的树苗。二是凡偷盗杉木、松木等，一经发现按杉木每根处罚300元、松木每根200元、油茶树每根100元，其他树种作价处罚。三是禁止捕杀各种野生动物，凡用电、网、套、铁夹等捕杀各种野生动物的处100～500元罚款，在河、沟、田投毒捕鱼的处1000元罚款并移交公安司法机关处理。四是禁止伐木烧炭，违者按伐木数量作价罚款。五是谨慎用电、用火，注意检查火灾隐患，教育子女不玩火。森林里烟头、火种不乱甩，上坟祭祀要注意，禁止随意焚烧田间地头枯枝败叶，火灾肇事责任大，违者除补植补种外，还要承担相应的法律责任。

第六条，社会治安管理。一是每个村民要遵纪守法，做到小事不出组，大事不出村。发生矛盾纠纷逐级向组长—综治专干—村主任或村支书上报处理，重点、难点纠纷由村支两委集体商讨解决。二是禁止偷盗他人财产，一经发现，按以下方法处罚：白天行窃的按所偷财物的三倍价值处罚；夜间则按所偷财物的五倍价值处罚。三是禁止侮辱和谩骂他人，若有违反每次罚款100元，并向对方赔礼道歉。四是无论有理无理，都禁止出手伤人，若有违反按每人每次罚款200元，医药费等其他费用另计。五是严禁破坏公共设施，若有违反除责令修复或照价赔偿外，每人每次罚款200元。以上办法如有不服，移交司法部门或公安机关处理。

第七条，环境卫生管理。一是为改善农村生活环境，提高生活质量，每个村民都要爱护环境卫生，做到不乱丢垃圾，不随地大小便，若有违反除将垃圾清理干净外，初次教育，再犯警告，第三次罚打扫公共卫生区3天。二是将全村划分为公共卫生区和农户卫生区，公共卫生区由村保洁员负责，农户卫生区由农户负责。公共卫生区为张刀招呼站至村部，村部至寨门，村部至竹子寨、梨子寨以及各组村道。农户卫生区由各组组长划分（屋前屋后以及房屋周边道路）。全村每月进行一次评比检查，如发现不配合开展美丽乡村建设的，初次教育，再次警告，第三次全村通报批评。三是全村养殖户要自己清扫牛、羊、猪、狗等牲畜粪便，如不清理初次教育，再次警告，第三次全村通报批评。四是全体村民认真打扫各自的卫生区（包括村民自己的田土要将农药瓶、肥料口袋等垃圾清理干净），做到每天一小扫，每周一大扫。各农户要实行垃圾分类回收集中处理。五是红、白事等大型家庭活动，事主要及时组织力量做好善后卫生工作。

第八条，资源和公益事业建设管理。一是任何人不得对溶洞钟乳石、水体等原生态景观进行破坏，违反者举全村舆论对其声讨，对情节严重的进行罚款或报司法机关处理。二是全体村民要积极支持村公益事业建设，不计较个人得失，踊跃为公益事业出地、出林、出力、出财。要给施工队营造一个良好的施工环境，支持配合施工队的工作。不做敲诈勒索、偷盗施工建材、无故阻工等事情，如有发生，一经发现将严格处理，情况恶劣的移交司法和公安机关处理。三是节约用水，反对浪费。各家各户要随时检查自家的水管及水龙头有无损坏，不能出现放任自流的现象。枯水期优先确保全体村民饮水，不能用饮用水来灌溉农田。为确保自来水正常运转，自觉遵守自来水收费管理办法，不从者将不能享用自来水。本村规民约里的所有罚款，需全体村民配合村支两委共同监管，如有举报人（并为举报人保密），将罚金的50%奖励给举报人。本村规民约若与国家法律法规有抵触之处，应以国家法律法规为准。

《十八洞村村规民约管理办法》尽管只有八条，但每一条都是依据十八洞村的管理实际制定的，涉及十八洞村管理秩序的方方面面，特别是处罚措施相当明了，指导性和操作性极强，对于十八洞的村寨治理起到了相当大的规范作用，也为其他农村村规民约管理办法的制定树立了一个良好的范例。

4. 社会组织

乡村社会组织嵌入村庄社会结构之中，既是推动村庄现代化变迁的关键力量，也是构成现代乡村社会的基本要素。因此，通过乡村社会组织将农业、农村、农民进行组织化管理，是推进乡村治理现代化转型的一个宝贵经验。[①]这就意味着，乡村组织化是实现村庄社会活动有序化的重要保障，是村庄社会生活自我形成秩序不可缺少的形式。自实行村民自治以来，国家法律明确村民委员会是以办理公共事务为重点、为全体村民服务的自治组织。与此同时，农村各类专业协会、专业合作社等社会组织的兴起，正在成为推动农村经济社会发展的重要新生力量。

就十八洞村而言，社会组织主要是各种合作社，它们出于生产或经营的共同服务需求而组织起来并进行相互合作，形成一定的组织依靠。这类组织的作用主要是在发展经济上为村庄治理奠定基

---

① 左停、苏青松：《农村组织创新：脱贫攻坚的经验与对乡村振兴的启示》，《求索》2020年第4期。

础，提供一定的准公共服务，保障相对有序的组织生活。为了产生更好的组织和治理效果，村支书施金通又把原来的18个合作社合并到一起，成立十八洞村村级集体联合社。这样的组合是否更具有治理意义，或者说服务是否更加优化，有待于实践和群众的检验。

当前十八洞村的社会组织中，苗绣合作社具有十分鲜明的民族工艺特色。合作社的领头人是前任村支书石顺莲，因此更有标志性意义。苗绣合作社继承发扬十八洞村的传统文化和传统手艺，把全村的留守妇女组织起来在家中就业，在家中创业，赋予传统的苗绣制作以新的生机和活力。实践证明，合作社的形式不仅能够把大家团结起来，而且确实可以增加稳定的收入，甚至吸引一部分外出打工的妇女返乡，从而稳定了村寨的家庭结构，体现出政治、经济、文化、社会等多个层面的独特价值和意义。

十八洞村的社会组织同样值得关注的还有青年民兵突击队这种模式。为了增强全村凝聚力，解决村寨劳力短缺，形成集中力量办大事的优势，扶贫工作队创新机制，组建了"十八洞村青年民兵突击队"，共有25个年轻人参加，并且喊出了"有钱没钱大干三年"的誓词。突击队成立以后，撸起袖子加油干，真正为村寨干起了实事、难事、大事。有钱的事情他们干，没钱的事情他们也干，急难险重累活脏活争着干，希望拼它三年拼出一个美好的明天。青年民兵突击队的成立，不仅解决了村庄的难事、急事没人干的问题，还带头为村庄的经济发展出汗出力，为村庄治理起到了良好的示范作用。

作为村寨新兴的社会群体形式，十八洞村的社会组织有别于靠血缘关系维系的传统宗族组织，它们为村寨社会提供了非正式制度的合力，不仅催生了村寨治理结构的多元化，还加快了村寨社会结构与村寨治理的现代化变迁。

三、公权与村治

中国古代的乡村治理中，所谓的皇权不下县主要是指县以下的治理单位中没有政府选派的正式官员。在今天的农民看来，拿政府工资的人才代表政府公权。尽管人民公社时代的村庄干部就代表政府，但拿的是集体工分，没有拿政府的工资，因此不被农民认为是国家干部。村民自治后，村干部都是村民选的，相当长一段时间以来政府都不发工资给村干部。在一般村民的眼中，村干部也是身边的农民，政府的公权没有直接进村。事实上，村干部由于是苗寨土生土长的，即使贯彻落实上级指示精神，但其工作的落脚点还是在村寨，大多数时候只是作为公权力的桥梁和传递者。

在现代国家建构过程中，政府行政体系通过组织渗透和权力集中将国家意志推进村庄社会，将分散和分割的乡土社会进行整合重构，即整合社会资源配置和重构社会秩序，以有利于现代化的推进。因此，现代国家乡村治理秩序的建构过程，也是"行政下乡"

的过程，或者说是政府公权下乡的过程。中国的乡土社会得以快速有效地整合，成为改革开放后现代化的强大推动力，"在相当程度依靠于强大的行政能力的渗透、介入和扩展"①。对于长期处于贫困状况的十八洞村来说，内在的村寨治理资源缺失与外在的公共服务需求成为公权力下乡的双重逻辑，而精准扶贫成为传统苗寨社会普遍接受公权力下乡的一个天然契机。

1. 乡政与村治

实行村民自治后，乡镇人民政府在乡村社会代表国家权力，在建制村实行民主选举、民主决策、民主管理和民主监督的自治框架和治理结构，这种国家政权与村民自治相结合的权力结构和功能配置，构成了学术界所谓的"乡政村治"的乡村治理组织架构，②有效地实现了农民当家做主和国家动员的结合，有效地实现了国家对乡土社会的整合。

随着"以工促农、以城带乡"的新农村战略的提出，实现城乡基本公共服务均等化以缩小城乡差距就成为"三农"工作的重要任务。在2006年宣布取消农业税后，粮食保护收购价、粮食补贴、农机补贴、医保、低保、九年免费义务教育、乡村公路建设、农电改造、危房改造、农村信息化等一系列"真金白银"的惠农政策相继推出③，从政府财政只面向县城以上向开始大幅度增加农村的财政

---

① 徐勇：《行政下乡：动员、任务与命令——现代国家向乡土社会渗透的行政机制》，《华中师范大学学报（人文社会科学版）》2007 年第 5 期。

② 陈文胜：《城镇化进程中乡村治理秩序的变迁》，《浙江学刊》2020 年第 5 期。

③ 陈文胜：《破解新时期农村发展的中国难题》，《中国乡村发现》2015 年第 3 期。

转移支付的历史转轨，中国乡村迎来了由资源汲取向资源下乡的治理目标的首次逆转。随着扶贫攻坚工作的推进，中国的经济社会发展全面进入反哺农业、支持农村、保障农民的新时代，国家与乡村、农民的关系发生了全新的变化，这些变化集中体现在作为国家机器的神经末梢即乡镇政府与村民自治的关系上，也就是"乡政"与"村治"的关系上。

十八洞村所属的乡镇是双龙镇，由原排料乡、排碧乡和董马库乡三个地方撤乡设镇而成，共辖34个建制村，总面积155.7平方千米，2017年全镇总人口3.1万人，镇人民政府驻董马库村。

在中国行政体制内，乡镇政府是直接管理村庄社会的一级政府，行政村属于镇政府的下级管理单位，双龙镇与十八洞村是一种上下级的行政隶属关系。事实上，村庄社会的国家观念很强，大多数村干部在潜意识里把村级组织视为镇政府的下属机构，"五级书记"中的十八洞村党支部书记，自然而然地接受双龙镇党委书记的领导。但在相关法律和政策的框架中，十八洞村村委会实行村民自治，村委会主任由村民选举，双龙镇镇政府不能用行政权力进行任命，也不能撤销村民选举产生的村委会主任。村党支部书记原则上由村党员选举产生，也可以由双龙镇党委任命和撤免。但无论是选任的还是任命的，包括村党支部和村委会的所有村干部都是本村的村民。

双龙镇与十八洞村的互动关系，一方面体现在双龙镇镇政府在所辖行政区域内贯彻落实国家的各项大政方针和县以上的各级政策，代表国家权力对十八洞村的村民自治给予最直接最及时的保障。双龙镇镇政府不仅对十八洞村庄治理进行指导，对村庄治理的行政和法律规范性进行督查，包括对村规民约的审批、对村委会工作的指导、对村民选举结果的批复等，还承担着对十八洞村在行政区域内与周边村庄的经济社会发展和公共事务进行统一协调和统筹的职能。尽管国家法律规定村庄社会实行村民自治，但是行政村的很多公共事务和纠纷都要服从镇政府的管理和协调。比如土地承包纠纷、村庄邻里之间的矛盾纠纷等，镇政府司法所为这些纠纷的解决提供了一个第三方平台，成为最具中国特色的乡村治理。

另一方面体现在双龙镇镇政府代表国家管理着所辖行政区域内的一切公共事务，并提供相应的公共产品，县以上各级政府为十八洞村提供的公共资源和服务，必须经过双龙镇镇政府才能获得。也就是说，需要通过双龙镇镇政府的再分配才能到达十八洞村以及村民的手中。双龙镇本级行政区域内的公共资源，如生产服务和医疗卫生等公共服务也需要镇政府向十八洞村保障。十八洞村或村民要向县政府申领项目资金和公共服务，也必须经过双龙镇镇政府的审核同意并盖章，由双龙镇镇政府负责上报，十八洞村的村级组织不能越级上报。

在收缴农业税的时代，只要村民的税费任务没有完成，"包村干部"就要天天进村，而完成任务后则只有传达有关政策和会议精神时才会进村。取消农业税以后，乡镇干部和乡村教师的工资均统一由县级财政负责发放，在财政管理体制上推行了"乡财县管"和"村财乡管"，村干部的工资也开始由县级财政补贴。但村庄事务原则上以"村治"为主，乡镇政府只提要求和任务，以党组织领导和镇政府行政指导的"乡政"一般不直接介入苗寨事务,基本上是"乡政村治"的乡村治理组织架构。

过去因为收钱收粮,乡干部进入苗寨的频率很高,与村民接触的频率也很高。那时只要村民请求乡干部来处理事情,乡干部基本就会进村,因为他们担心村民不满而拒交税费。后来不收税了,连村干部的工资也由政府财政补贴了,村庄的基础设施建设也不再需要向村民集资,乡干部与村民的直接联系就明显缺乏了动力。驻村的乡镇干部也叫"包村干部",主要负责上传下达的联系工作,有事就来,无事即去,若即若离,因此被村民称之为"油水关系"。

全面的脱贫攻坚战,需要发挥社会主义的制度优势和共产党的政党优势,把加强党的领导贯穿脱贫攻坚全过程,以超越群体利益形成强大的合力。中共湖南省委在实施"精准扶贫"战略过程中,明确省委是"总前委"、市州委书记是"纵队司令"、县委书记是"一线总指挥"、乡镇党委书记是"主攻队长"、村支部书记是"尖刀排长"[①],要求全面发挥党委总揽全局、协调各方面的作用,全面建立省、市、县、乡、村五级书记一起抓的战斗阵型,为精准扶贫提供坚强的组织保障。

因此,花垣县成立了精准扶贫工作领导小组,县委书记任组长,县长任第一副组长,副县级领导任副组长,县直相关职能部门为成员,全面整合县直职能部门力量,构建了花垣县领导联系各乡镇,统筹指导扶贫工作的制度。2014年1月,花垣县在县直各部门选人组建成立了十八洞村精准扶贫工作队,长年驻村开展工作,与

---

① 中共湖南省委:《努力书写精准扶贫时代答卷》,《求是》2020年第13期。

村民同吃、同住、同工作，挨家挨户宣传政策。选派政府干部施金通担任十八洞村党支部第一书记，在村支两委换届选举中，选出了下派的大学生村官龚海华担任村支书，以强化村庄组织建设和村民思想建设，筑牢精准扶贫战斗堡垒，激发苗寨贫困群众脱贫的内生动力。

这样一来，十八洞村与双龙镇的关系出现了新的变化。在十八洞村，不仅有村党支部和村委会，还有驻村扶贫工作队、村党支部第一书记。驻村扶贫工作队、村党支部第一书记并不是十八洞村行政上的上级双龙镇派出的，而是双龙镇行政上的上级花垣县派出的，并且直接向花垣县委和政府负责。"空降"的村党支部第一书记和大学生村官担任村党支部书记使十八洞村的村干部不再都是本村的村民，而是来自村庄以外的力量。

由此形成的格局是，双龙镇镇政府与驻村扶贫工作队的"包村干部"之间是平行协调关系，因为十八洞村驻村扶贫工作队是花垣县委、县政府派出的，双龙镇党委、镇政府是花垣县委、县政府的下一级组织。村党支部第一书记受驻村扶贫工作队与双龙镇党委的双重领导，但受驻村扶贫工作队直接领导。双龙镇党委书记就此认为，镇政府和十八洞村的治理关系主要体现在两个方面：一是服务，二是把关，服务和把关是新形势下"乡政"与"村治"关系简单明了的表述。不难发现，"乡政"与"村治"的关系发生了前所未有的变化。

2. 县政下村

县级政府对于村庄来说，是中国最全能的一级基层政权，除了军队和外交外几乎具备国家所有管理权能，村庄社会的绝大部分公共供给都可以在县级政府实现。在中国现行体制下，县级政府对村庄社会的管理是通过乡镇政府实行的，县级政府的管理职能一般不直接进入村庄社会。花垣县向十八洞村派出中国扶贫攻坚决战中第一支驻村精准扶贫工作队并同时下派第一书记，成为精准扶贫的一项重要制度创新。中国乡村治理的一种新模式浮出水面，那就是县级政府下村后的"县政村治"。

由于精准扶贫的驻村工作队、村党支部第一书记都是由县直部门，即双龙镇的上级领导部门的领导和干部组成，并且由花垣县委、县政府直接管理和考核，对不称职的队长、队员、村党支部第一书记可以撤换，形成了所谓的"召回"制度。中共花垣县委曾经对十八洞村驻村扶贫工作队中的两个队长进行过"召回"处置。国家各项扶贫政策的实施与扶贫项目、资金的分配基本都是通过驻村扶贫工作队下达到十八洞村，直接越过了双龙镇镇政府这个中间环节。这种模式作为十八洞村的精准扶贫经验在全国推广，在各地具体的实施过程中，即使是中央、省、市派出的驻村扶贫工作队也是统一由县里管理和考核，相关资源项目也是统一归口到县里，再由县里分配到扶贫村。

双龙镇镇政府对于十八洞村而言，成了名义上的上级领导机构，实际上却是平行协调机构。如前文提到的十八洞村在修村公路时发生的"喝血酒、按手印"事件，其中还有一个小插曲，当村民们要强行占用施家的地时，施家父子誓死守护，面对可能发生的流血事件，镇政府马上通知公安派出所的干警前来处置。而扶贫工作队队长却不同意镇政府的意见，要求干警离开现场，由扶贫工作队队长和村委会全权处理。可以说，处理这样的问题，作为村庄社会的外来力量，从上"空降"的扶贫工作队、第一书记具有天然的优势。当村庄社会成员利益完全一致时，他们就及时将利益通过合理的方式分配和实现；当村庄社会成员利益不完全一致时，由于他们在村庄社会没有利益瓜葛，可以公正地站在中立的立场行使职权，打破原有的利益结构，协调化解矛盾，推动达成共识。

2020年6月，花垣县还推行了村干部任职改革：实行参照事业单位管理岗位的编制待遇，试点村党支部书记和村委会主任"一肩挑"的公职化，归口县委组织部直接管理。当然，花垣县试点村党支部书记公职化并非乱作为，而是具有法律政策依据的。2018年公布的《中华人民共和国监察法》第十五条规定，监察机关进行监察的公职人员，包括基层群众性自治组织中从事管理的人员，也即包括村民委员会、居民委员会的主任、副主任和委员。2020年公布的《中华人民共和国公职人员政务处分法》，首次把村干部作为法定对象纳入公职人员政务处分范围。2018年12月28日起施行的《中国共产党农村基层组织工作条例》明确，村党组织书记应当通过法定程序担任村民委员会主任和村级集体经济组织、合作经济组织负责人，推行村"两委"班子成员交叉任职。因此，村党支部书记和村委会主任"一肩挑"就成为党内法规的规范性要求。

中共花垣县委组织部规定，纳入参照事业单位管理岗位"一肩挑"的村、社区支部书记,年龄一般要求在45周岁以下,具有大专以上学历,经乡镇党委推介、县委组织部初审、县直相关部门联审后,报县委党建工作领导小组确定。首批试行公职化村干部,并实行村党支部书记和村委会主任"一肩挑"的,有12个乡镇的12个村党支部书记获得选聘签约,包括现任的十八洞村党支部书记施金通,不仅集党的领导权与村民自治的行政权于一身,而且实现了由"半脱产、补贴制"向"全脱产、月薪制"转变,大大提升了县级政府直接管理村庄社会的能力。

在实际的工作过程中,一方面,随着乡镇对十八洞村的治权被弱化,双龙镇镇政府与十八洞村的关系必然会出现松散化,影响双龙镇镇政府对十八洞村服务的积极性。而另一方面,由于县委选派精准扶贫的工作队是"空降"到十八洞村,难以在短时间内融入村庄社会的熟人圈子,也就难以在短暂时间内获得村民的信任,必然会出现缺乏整体协调的孤岛现象。因此,花垣县委、县政府在选派十八洞村第三任扶贫工作队队长时,就直接把双龙镇的镇长麻辉煌选为扶贫工作队队长,从而避免了现实中可能产生的问题。

由此可见,代表国家权力的县政公权,通过扶贫工作队、第一书记以及村党支部书记和村委会主任"一肩挑"的公职化,将村民、村级组织、基层政府和派驻单位之间的关系整合到党群干群的关系之中,将党政体制、科层制度延伸到村民自治制度之中,将派出单位、本地体制、乡村实际和个人社会关系等资源整合进村庄社会之中,实现了村庄社会的治理由几千年以来的民间治理与非官僚化到准官方治理与行政化的演变。

但由此导致的问题也不少，其中之一就是如何坚持农民主体地位以及如何实施村民自治的有关法律问题。对此，2021年中央一号文件就明确要求："在有条件的地方积极推行村党组织书记通过法定程序担任村民委员会主任，因地制宜、不搞'一刀切'。"①这无疑是党中央尊重农民意愿的体现，也是进一步强调实现农民群众当家做主的政治承诺。

---

① 《中共中央　国务院关于全面推进乡村振兴加快农业农村现代化的意见》，《人民日报》2021年2月22日。

第四章

苗寨文化

　　十八洞村作为湘西一个比较典型的少数民族村寨，其文化呈现独特而复杂的形态：既保持了苗族文化的主体性，又与汉族等其他民族文化相互交融；既处于中西部传统乡村文化区，又处于现代文化快速普及当中；既拥有山区农耕文化的一般特征，又日益受到市场经济商业文化的影响。按照文化功能学派学者马林诺夫斯基（费孝通翻译为马凌诺斯基）的看法，文化是包括一套工具及一套风俗——人体的或心灵的习惯，他们都是直接地或间接地满足人类的需要[①]。一切文化要素一定都是活动着的，正在发生作用的，而且是有效的。文化因满足人的需要而产生、发展、变迁。十八洞村的文化是十八洞村所创造的物质文化和精神文化的复合体。认识十八洞村的生活习俗、文化景观、价值观念的延续与变迁，是认识十八洞村发生历史沧桑巨变的重要窗口。

---

① ［英］马凌诺斯基：《文化论》，费孝通译，华夏出版社 2002 年版，第 15 页。

一、生活习俗

　　生活习俗是在人类的生活实践过程中经过长期探索、选择、调整而逐渐凝结的为一定群体所共同遵守的仪式或程序，具体表现在生产、居住、饮食、服饰、婚姻、丧葬、节庆、娱乐、礼仪、禁忌等各个方面。习俗在农村社会是一种强大的传统力量，也是农民认识新事物，化解社会变迁，延续社会生活的经验凭借，它将多变的生活化约为可以预测的生活，并赋予民众一种控制命运的感觉[①]。生活习俗作为民族文化的一种典型表征，比较鲜明又直接地体现了不同群体之间的区别和特色，对于民族共同体的形成、认同和生活有着十分重要的影响。

1.语言的变化

　　语言是民族文化的基本要素和重要载体。德国哲学家海德格尔把语言称作"存在之家"。苗语作为苗人代代相承、口耳相传、与外界沟通以及理解世界的重要介质，可以称之为体现苗族身份的"存在之家"。

---

① 　吉国秀：《婚姻仪礼变迁与社会网络重建》，中国社会科学出版社 2005 年版，第 259 页。

历史上，许多苗族村寨由于散落在崇山峻岭，相对封闭保守，与外界的沟通和交流受到阻碍。于是，苗族地区人民采取自给自足的生产、生活方式。苗语在本民族内部具备足够的适用性，因此形成了比较单一纯粹的语言环境。后来，随着交通通达性的改善，资讯便捷性的提升，以及生产生活现代化的飞跃，苗族地区与外界的交往日益频繁，出现了以苗语为主、苗语和国家通用语言（普通话）"双语"混用、以国家通用语言为主等各种情况。

语言的这种变化，在十八洞村也得到了鲜明的体现。作为一个纯苗族聚居的村寨，十八洞村地处相对偏僻的湘西大山里，与外界的交流相对较少，普通话在村寨内使用不多，苗语足以应付日常生活。特别是一些年龄较大的村民，他们既没有受过普通话教育，也很少接触普通话媒体，缺少一定的语言环境，所以他们听不懂、讲不出普通话。随着对外交流的日益频繁，以及受现代传媒的影响和国家双语教育的推进，十八洞村的村干部、外出务工人员、经商群体，尤其是年轻人都能够较为熟练地使用普通话，一般性的交往不存在语言障碍。

真正让普通话在十八洞村内成为常用语言则是最近几年的事。2013年，习近平总书记来到十八洞村，许多老人需要别人翻译才能与总书记交流。大姐石拔哑见到习近平总书记时，用苗语问道："不知道该怎么称呼您？"一旁的村干部翻译之后，习近平总书记立即回答说："我是人民的勤务员。"村干部给大妈解释："这是习总书记。"

随着精准扶贫政策的推进，十八洞村成了远近闻名的明星村。

外面的人走进了苗寨，苗寨的人走出了大山。随着乡村旅游的迅猛发展，如果不会说普通话，就不能跟客人正常沟通，所以当地一些村民开始学普通话。只是他们发音不标准，只能让人基本听懂。石拔哑老人的家成了热门打卡地。为了帮助她与外界沟通，村里专门派人教她学说普通话，为她讲解电视内容，帮她练习发音。她本人也通过到北京等地交流参观，普通话的听说水平慢慢有了提高。她逐渐成为十八洞村颇有人气的"代言人"和"形象大使"。

现在的十八洞村，已然形成比较典型的"双语"现象。一方面，村民并未放弃自己的语言，苗语在内部交流中仍被高频使用；另一方面，在现代开放的社会环境中，他们在对外交流时努力学习并使用普通话，虽然有时还夹带着独特的乡音。现在村寨里的人不仅个个都能听懂普通话，而且人人都会讲普通话，与外界交流再也没有语言障碍。

2. 服饰的演变

在人类发展史上，服饰具有御寒、遮羞、装饰等多方面的作用，其产生和演变往往与各地的经济状况、地理环境、宗教信仰、生活习俗、审美趣味等因素密切相关。每个时代、不同的民族都有风格迥异的服饰习惯，少数民族服饰更是因其鲜明的特色而为人瞩目，甚至成为重要的民族文化标识。苗族服饰作为苗族文化的载体，对于苗族人具有特殊的意义，同时也正经历着不变与改变的历史选择，其不变是对苗族文化的继承和坚守，其改变则是对于新生活方式的认可和追求。

传统湘西苗族服饰具有极为浓厚的民族特色。著名学者凌纯声、芮逸夫、石启贵等人通过实地调研这样描述道：男子以黑布裹头，青布或黑短衣裤，黑布带束腰，跣足；女子上衣长不过膝，阔边绲袂，裤管袖管，绲以花边，喜用青黑头帕包头，发不外露，平正不偏斜，末挽一道齐额。除了服装，妇女还喜爱佩戴银饰，如项圈、手镯、耳环、戒指、扣纽、披肩等，造型十分精美，种类可谓繁多。[1]

十八洞村的苗族属于黑苗，传统服饰的颜色以深蓝、黑色为主，伴有刺绣的花纹，以花鸟装饰居多。进入现代社会后，随着对外交往不断增多，大众服饰开始进入苗区，因其穿着简便、适合劳动、购买方便、价格低廉等优势，逐渐获得了村民的青睐。对于这种变化，村民施进兰回忆说："以前小时候，都是穿民族服装，外面的服装买不起，而民族服装可以自己做。现在买外面的服装多，民族服装穿得比较少了，只有节日的时候，才穿民族服装。"在如今的日常生活中，穿苗族服饰的人群以中老年人为主，青壮年几乎不穿，他们选择了流行的大众服饰。受现代文化影响最深的这些年轻人，走在了服饰变换的前列，他们不仅要求服饰方便而且追求新潮时尚，这种潮流似乎正在以不可阻挡的力量，塑造着这个小村庄的未来审美趋向。

在这个时尚潮流之下，还有另一种潮流正在袭来，这就是游客入村带来的"乡愁"式审美。在他们的眼里，苗族服饰因其传统和

---

① 凌纯声、芮逸夫：《湘西苗族调查报告》，民族出版社 2003 年版，第 49 页；石启贵：《湘西苗族实地调查报告》，湖南人民出版社 1986 年版，第 122 页。

新奇反而成为另一种脱离人们日常生活的时尚。随着旅游业的兴起，十八洞村一方面为了满足游客对少数民族风情的好奇，另一方面也为了展示其独特的民族文化，一些村民重新穿戴起传统服饰，尤其是梨子寨那些接待游客的中老年妇女。她们工作时都是盛装打扮，以配合游客拍照留影。当地举办的一些大型节庆活动，更是要求表演人员穿戴苗族服饰，以此来展示独特的民族文化内涵。

两种潮流的碰撞常让人有时空错乱之感。一方面，传统的苗族服饰本是为了满足苗民的日常穿着需要，如今却在许多场景中成为一种表演性的道具，作为一种苗族文化的象征而被商品化。另一方面，无法体现民族身份的大众服饰却成为苗民的日常穿着，坚持穿戴传统服饰的只有少数人。其实，像十八洞村这种以服饰为代表的生活习俗，因其实用性和象征性的分离，在中国许多传统村落上演着文化的碰撞与融合。

3. 节庆活动商业化

节庆活动对于中国人而言，有着丰富的文化内涵和精神元素。一些少数民族的节庆活动，更是其民族文化最为集中的展现，涉及历史、生产、服饰、饮食、居住、婚姻、天文、历法、农耕、宗教、传说、禁忌、音乐、舞蹈等多个方面。

苗族是一个重视节庆的民族，节庆文化源远流长，承载了众多的古风遗俗。除了一般性的春节、端午节、重阳节等，苗族还有一些十分隆重的民族节日。在历史的变迁过程中，这些节庆活动功能逐渐演化为祭祀、纪念、丰收、娱乐、商贸等类型。与宗教信仰相关的祭祀节日，"三月三"源于祭祀伏羲氏，"六月六"据说原为祭祀祖先，后来演变为以歌唱为主的节日。与祖先、英雄崇拜相关的纪念节日，最为典型的是纪念苗族英雄亚务的"四月八"（又称"亚努节"），它已经入选国家级非物质文化遗产名录。在有些地方，"四月八"又演变出不同的主题内容。与农事耕作相关的丰收节日，如"赶秋节""跳香会""看龙场"等，都是以丰收为主题，祈求风调雨顺、六畜兴旺、五谷丰登。其中，尤以"赶秋节"最隆重，要举行唱苗歌、打苗鼓、祭祀、舞龙、舞狮、上刀山下火海等活动，十里八乡的会聚在一起庆祝，年轻人可以趁着赶秋节寻找自己心仪的对象。与交游娱乐相关的传统节日，有正月的"赶年场"、传统鼓会"七月七"、樱桃成熟时的"樱桃会"等[①]。

　　湘西苗族的传统节日具有重要的文化功能，苗民通过节日构建和强化了他们的心灵家园，展示独特的民族文化，体现民族团结的凝聚力和向心力，增强民族自尊心和自信心。当然，这种传统文化功能也面临着现代文化的冲击。随着商业社会的发展，为了给游客提供独特的体验，苗族节日的宗教性、神圣性、私密性逐渐淡化，娱乐性、大众性、开放性逐渐增强，商业表演功能逐渐凸显。

　　十八洞村文化旅游产业的快速发展，将传统节庆活动卷入商业化浪潮，成为吸引游客、吸引流量的重要方式。为了营造浓厚的传统氛围，提高游客苗寨风情体验度，同时充分展示十八洞村的自然

风光、苗乡民俗、非物质文化遗产等旅游资源，形成非遗搭台、旅游唱戏、文旅共同繁华发展的良好局面，十八洞村正在对一些重大节庆活动进行专门的商业策划。

2017年，十八洞村举办第一届国际苗族赶秋节，吸引了包括美国、澳大利亚等国的苗族赶来参会。2019年的赶秋活动更是引起广泛关注。活动连续举行了45天，分为迎秋、祭秋、闹秋、颂秋四个阶段。其中，祭秋是赶秋节最主要的传统习俗。祭秋仪式由苗师巴代雄主持，以祭祀五谷神祖为对象。五谷神祖苗语称为"帕囊棍楼、尼囊棍弄"，意思是"女的谷祖、男的粟神"，它是苗歌中流传下来的最原始的谷物之神。赶秋活动中还有苗家的接龙舞、客师的绺巾舞等祈福展演，皆体现了苗民祈求五谷丰登、百业兴旺的美好愿望。高亢响亮的苗歌，热闹欢快的苗鼓，独具特色的都乐舞、接龙舞还有拦门酒，吸引了大批游客前来，活动的影响力越来越大。

表4-1　十八洞村传统节庆活动

主题	活动	项目	地点	日期	时间
玛贡玛让喜迎秋 8月9日—8月16日	拦门迎宾	大型拦门	101岗亭	周五 周六 周日	10:30之前
	迎秋大典	迎秋祈福	游客中心		10:30 14:30
		绺巾舞			
		苗族绝技			
		鼓舞苗乡			
		秋场飞歌			
		接龙舞			
		都乐舞			
		摸锅底灰 + 撒粑粑			
		团圆舞			

（续表）

主题	活动	项目	地点	日期	时间
巴代祈福祭金秋 8月17日—8月23日	拦门迎宾	大型拦门	101 岗亭	周五 周六 周日	全天
	祭秋大典	祭秋仪式	游客中心		上午 下午
		绺巾舞			
		苗族绝技			
		鼓舞苗乡			
		秋场飞歌			
		接龙舞			
		都乐舞			
		摸锅底灰＋撒粑粑			
		团圆舞			
鼓舞苗乡齐闹秋 8月24日—9月15日	拦门迎宾	大型拦门	101 岗亭	周五 周六 周日	全天
	闹秋大典	闹秋仪式	游客中心		上午 下午
		绺巾舞			
		苗族绝技			
		鼓舞苗乡			
		秋场飞歌			
		接龙舞			
		都乐舞			
		摸锅底灰＋撒粑粑			
		团圆舞			

（续表）

主题	活动	项目	地点	日期	时间
五谷丰登金满秋 9月16日—9月23日	拦门迎宾	大型拦门	101岗亭	周五周六周日	全天
	庆秋大典	庆秋仪式	游客中心		11:00
		绺巾舞			
		苗族绝技			
		鼓舞苗乡			
		秋场飞歌			
		接龙舞			
		都乐舞			
		摸锅底灰＋撒粑粑			
		团圆舞			
日常活动	小拦门	拦门迎宾	游客中心	周一至周四	全天
	苗族鼓舞	八盒鼓			上午下午
	都乐、团圆舞	摸锅底灰＋撒粑粑			

随着商业活动的推进，十八洞村原来一些接近失传的民俗文化重新活跃起来。传统的拦门酒、迎宾鼓是苗家最古老、最隆重的迎宾之道。据村民介绍，虽然还有些人在坚持这些民俗，但随着越来越多的年轻人外出打工，这些传统节日仪式逐渐淡化，慢慢呈现为一种零散化、碎片化的状态。又比如苗绣，在长期的演进中形成了独特的表现风格和刺绣技巧，虽被列入国家非物质文化遗产名录，却濒临失传。巴代文化、民间绝技等也是如此。现在，随着苗寨村民逐渐回流，基于社会发展的需要和商业活动的需求，这些传统习俗、仪式又在慢慢地恢复，甚至比原来更加隆重，更加组织化，更加系统化。

十八洞村还拥有一个独有的新的节日，叫作十八洞村精准扶贫纪念日，日期就是习近平总书记到十八洞村考察的11月3日。每年这天晚上，无论天晴还是下雨，村里都会举办一次活动，以纪念精准扶贫事业。村民会自编自导一台晚会，打鼓的、唱歌的、跳舞的，其乐融融。纪念日也吸引了不少游客前来观赏，逐渐成为当地文化旅游的一个重要品牌。

　　这种传统文化商业化现象，到底该如何既满足游客需要又保留其传统功能，引起了社会的广泛讨论。如果处理妥当，本来一些正在消失的民俗传统通过商业表演的形式，或许能获得生机和活力，以新的方式进入村民的日常生活。此外，通过向游客表演，扩大了民俗传统的大众化基础，突破了狭隘的村庄地理边界，在更大范围内进入了游客的生活世界。尤其是在城乡一体化协调发展的理念下，村庄民俗传统狭隘的"认同边界"被打破，"使已经处于'碎片化'的村庄民俗传统获得了'重生'的机遇，且这种'重生'是村庄民俗传统在城乡一体化发展层面实现的'重构'"①，从而形成了奠基于新的社会基础上的新民俗。

---

① 陈文胜：《大国村庄的进路》，湖南师范大学出版社2020年版，第105页。

二、文化景观

村庄文化景观是指普遍存在于村庄地理空间范围内，基于村民生产生活的客观需要，经过创造性劳动改造而成的自然景观，或者出于特殊目的而建造的构筑物。文化地理学家索尔提出，文化景观由自然景观通过文化集团的作用形成。文化是动因，自然区域是媒介，文化景观是结果①。也就是说，文化景观的呈现是人的精神世界对象化的过程。村庄民居、村容风貌以及公共建筑等景观的变化，为审视村庄文化的演进提供了一个独特视域。

1. 传统民居改造

苗族的传统民居，因其就地取材、依山而建、古香古色以及独特的吊脚楼等元素而为世人所熟知。这种风格的形成，虽然有审美方面的考虑，但就其功能性而言，更多的还是出于实用性，反映了苗族人顺应自然、利用自然、改造自然而服务自身发展的生活智慧。建筑学家艾默森·拉普普将人类建筑大致分为"归属于壮丽设计传统"和"归属于民俗传统"两大类，其中归属于民俗传统的民居建筑是直接而不自觉地把文化——它的需求和价值、人民的欲

---

① Sauer C.O. *The Morphology of Landscape*. University Press，1925.

望、梦想和情感——转化为实质形式①。湘西苗族的房屋无疑是民俗传统类建筑，是苗族文化的重要载体，其居住方式的变迁，从物质文化的视角展现了民族文化的变迁。

十八洞村是比较传统的湘西苗寨古村，四周青山环绕，村寨依势而居，虽有一些散落的民居已经改成了较为现代的砖瓦房，但是集中连片的寨子仍以木制房为主。几年前，这里的整体民居相当凋敝破旧，存在人畜共居的情况，一些贫困家庭更是房旧屋破、穿风漏雨，没有任何现代化气息。

表4-2　十八洞村传统民居结构

布局	基本由三开间的一层主体加一个二层的吊脚楼组成。
屋顶	一般是普通的悬山屋顶，覆盖小青瓦。有的吊脚楼会使用庑殿顶。
立面	材料为本地杉木，外立面刷桐油或木蜡油，因为年代久远，一些房屋主体变成黑色，部分房屋侧立面为竹篾灰泥墙。
构件	窗户一般为木格栅窗户，有的有精致的木雕花。吊脚楼有很漂亮的美人靠。

十八洞村这种传统民居，虽然极具民族特色，但是随着现代生活方式的改变，缺点也逐渐凸显出来，而在人畜区分、建筑成本、防火隔音通风、现代生活设施等方面都与砖房有一定差距。然而，"过上城里人一样的生活是快速城镇化过程中农村居民的普遍梦想，一些发达地区的村庄，尤其是城郊村庄，民居建筑无论是内部功能还是外观呈现都越来越讲究"。从内部构造来看，越来越强调舒适，基本实现生猪、耕牛、家禽等养殖日趋专业化，人畜居住分

---

① ［美］艾默森·拉普普：《住屋形式与文化》，张玫玫译，台湾境与象出版社1991年版，第8页。

离；民居通了上下水，卫生间和厨房越来越现代化[1]。十八洞村民也有这样的梦想，因此改善当地民居是大家的共识，但究竟要怎么改，当时村民的意见并不统一。

与十八洞村面临的问题一样，在相当长一段时间内，随着城镇化的推进，农村地区的民居也普遍向城市看齐，新建的房屋大多彻底改变了传统的建筑风格，转而以城市的钢筋混凝土结构为样本，千房一律、千村一面的砖房代替了原来风格迥异的传统村落。从事文化遗产研究的学者孙华教授指出，我们的传统村落如同我们的历史城市一样，逐渐失去了本来具有的强烈的地域特色。中国的乡土建筑特色正在丧失，中国的国土景观已经变得模糊，中国古老的传统似乎正在逐渐隐去。[2]

为了解决这个问题，既保留自身特色又不能没有变化，十八洞村经过多次调研、反复商讨、不断调整，最后确立了"人与自然和谐相处，建设与原生态协调统一，建筑与民族特色完美结合"的建设总原则，坚持把改变苗乡贫穷落后的面貌与保护好原有的建筑风格、风貌紧密地结合起来，实现民族文化与现代生活的有机融合。

在具体实施过程中，一个专门的设计规划团队进入十八洞村。在对苗寨的建筑风貌及建筑质量进行了充分评估后，他们决定针对不同建筑采取不同的整治模式。其中，结构、布局、风貌保存完好未遭破坏的历史建筑，坚持保持原样，使用相同材料开展微修缮；

---

[1] 陈文胜：《大国村庄的进路》，湖南师范大学出版社 2020 年版，第 97 页。
[2] 孙华：《传统村落的性质与问题——我国乡村文化景观保护与利用刍议之一》，《中国文化遗产》2015 年第 4 期。

对于局部已变动的历史建筑，按照变动前的式样修复如初；对于新建民居，在面积、功能布局、建筑材质等方面进行统一设计和严格控制，建筑风格参照原有民居，尽量保留堂屋、吊脚楼等建筑形式，同时增加厨房、卫生间、大窗户等现代化住宅功能，实现人畜居住分离。

十八洞村民居改造没有搞大拆大建、大破大立，整体保留了苗族村寨的历史风貌，体现了传统建筑的"文化记忆"，突显了具有地方特色和民族风格的"文化符号"，呈现出可贵的"乡愁"。同时又不断完善其现代化功能，通过水、电、路、房、通信、环境治理"六到户"和改厨、改厕、改圈、改池、改浴的"五改"工程，适应现代人的生活需求，实现居住环境的焕然一新，村民的获得感、幸福感、安全感显著增强。

2.村寨风貌特色

湘西苗族传统建筑材料大多取之于当地，人们从生活需要出发，结合材料特点，主要选择石材、木材、竹材等主要建筑材料，在细节处运用雕刻、彩绘等手法，刻画祥云、牡丹、图腾等吉祥图案，并运用牛头、玉米、稻草等实物进行装饰，与原有的建筑外观相协调。

十八洞村位于云贵高原东部边缘，属喀斯特岩溶地貌发育区。村内地形以山林、峡谷、溶洞为主，素有"八山二田水，地无三尺平"之说。由于地势险峻，过去长期与外界联络不便，因而保留着最原始的苗族文化的神秘感。加之农耕文化历史悠久，苗族特色比较浓厚，拥有以蝴蝶妈妈、龙、枫树和太阳为主的自然崇拜，这些民族元素的组合形成了十八洞村独具特色的村寨风貌。

近几年来，十八洞村居民对于现代审美的追求，以及外地游客对于苗族文化的兴趣，使得融合了传统性、民族性、现代性、便利性的精神需求在村内交相辉映，推动了村寨景观向保存传统风貌同时蕴含现代服务功能的多元化景观格局方向发展。十八洞村的村貌改造注重充分挖掘苗族文化，提炼出标识性元素，运用到建筑和节点设计当中，赋予实物材料以苗族文化灵魂。比如，提取蝴蝶妈妈、枫木鼓、绺巾上的牛角、苗族历史传说故事、苗族农耕生活场景等经典文化元素体现在建筑外立面装饰上，鼓形的柱头和墙面苗族生活场景的展示，处处体现着传统苗族建筑和现代设计手法的融合。

村庄的各类历史物件寄托着十八洞人的情感。在村寨文化景观的更新过程中，各类具有历史意义的建筑、牌坊、墓碑、古井、古树等被作为官方层面的文化遗产被保护起来，这一做法得到村民发自内心的推崇和拥护。这些历史记忆保留了十八洞村民对于过去世界的审美想象，同时为坚定地走向未来厚植了情感寄托，这些历史记忆也会成为乡村的象征被运用到对外推介和旅游开发等活动中。

如今，新建的景观也正在塑造新一代十八洞人的村寨风貌记忆。十八洞村的新大门、新建村级活动中心、精准扶贫碑、感恩坪、精准扶贫展示厅、村级民族文化展示中心等标志性建筑的建成完工，为十八洞村的整体风貌增添了新的元素，展示了新时代十八洞村的新气象。一位游客曾这样描述道，从村口以参天大树为造型的迎宾拱门出发，经过畅通村内外、宽阔干净的大马路，来到传统与现代相融合的新建村级活动中心，再沿着入寨的青石板步道，走进修葺一新、风格一致的苗族寨子，最后来到位于高处的精准扶贫首倡地会址，欣赏那块长宽高围合总长约20.13米，总重约11.3吨，喻示2013年11月3日那个特殊的日子的精准扶贫纪念石碑，眺望远处的"小张家界"风景，目睹人与自然和谐共生的风貌，感受十八洞村的沧桑巨变，实在别有一番滋味。

除此之外，构成村寨风貌的基础设施也在相继完善当中。十八洞村有了邮局、银行，建起了农家书屋和诗社，公路两边种上了景观花草，还有改造的水渠、升级的农网电网、绿色生态的垃圾处理设施、独具特色的停车场、干净整洁的公厕、风景如画的观景平台、连接不同寨子的游步道、坚固的防护工程等。这些都展示着十八洞村的风貌发生了天翻地覆的变化，给游客带来了耳目一新的视觉冲击。通过村容村貌的改造工程，十八洞村先后被评为"全国少数民族特色村寨""全国乡村旅游示范村""全国文明村"，成了远近闻名的"醉美乡村"。

3. 新村寨景观

十八洞村苗族风情浓郁，苗族原生态文化保存完好，寨子靠山而筑，屋宇相连，鳞次栉比，错落有致；寨中小路，门前屋后，或上或下，左转右弯；全寨的色调以灰黑为主，间以彩色，古色古香，共同构成传统苗族村落景观。近年来，随着十八洞村的发展，老寨发展空间有限，而游客不断增多，发展已经趋于饱和。为了拓展发展空间，十八洞村重新选址修建了新的村级活动中心，同时也正在推进两个新寨的规划和建设。

新的村级活动中心是一个集村民活动中心、村两委办公场所、精准扶贫展示厅、村民培训学习室、会议室、演艺广场、停车场等功能于一体的综合性建筑，位置接近村域的几何中心，十八洞村与外部联系的主要道路在此分岔，分别通往梨子寨和竹子寨。原有建设用地是一处有一定平坦空间的谷地，中部略靠东有一处低矮的小山体，小山体以西的大片空地建设停车场，建筑基地位于小山体与南面山体之间的平地，面积约2100平方米，基地略高于外部道路，其东侧面向风景秀美的山谷，具有绝佳的景观视野。

在设计之初，据设计团队参与者丁江弘介绍，当初设计人员有两种思路并最终形成了两种方案：第一种是偏传统的思路，尊重苗寨民房的基本型制，形神兼备地向传统民居致敬，在体量组合、空间布局上以符合其本身空间布局、人员动线为优先；第二种是偏前卫的思路，运用现代理念，采用符合现代审美的手法进行构图，只求"神似"，不追求直接的"模仿"①。

在设计方自己的内部讨论中，对比这两个方案，大多数人有着同样的观点，认为第一种方案向苗寨民居靠拢的做法，是一种缺乏思想深度的"套路"之作，仿古意味浓厚，而第二种具有现代风格布局的方案，才是创新之举，才能成为作品。经过讨论，第一种方案入选。这是因为在当地人看来，只有第一种设计才称

---

① 丁江弘：《做"适合"的设计——记十八洞村新村部及附属设施设计》，《中外建筑》2019年第9期。

得上是苗寨的建筑，才是当地群众所熟悉的形式语言，才能和当地的文化景观协调一致。当然，这种设计更高明的地方在于，虽然其外在形态和苗寨民居一致，但是功能和材料却是现代的，符合现代人的使用要求，符合未来的发展需要。

除了新建的村级活动中心，十八洞村同时也在紧张有序地规划和推进两处新安置点的建设。随着形势的发展，村内有多户人家有新建房屋的意愿，有些是因为分家需要新屋，有些是因为旧房被纳入重大历史事件保护地需要搬离安置，有些是因为道路、停车场建设征地需要拆迁，等等。为此，十八洞村科学规划了两处新寨：一处在梨子寨和竹子寨附近、村级活动中心的对面，这里将要建设的是感恩寨；一处在当戎寨和飞虫寨附近、十八洞村特色产品店西南侧，这里将要建设的是思源寨。

新寨安置区严格规范村民建房，统一建筑风格，以原有苗族民居为原型，平面布局遵循苗族人民的生活习惯，保留堂屋、火塘等形式，同时加入各种现代化的住宅功能，采用"吊脚半边楼"处理场地高差。新寨要求既符合苗寨整体风格，又适当植入现代元素，与当地的整体建筑环境相协调，同时提前规划好道路、供水、供气、环保、电网、物流、信息、广播电视等基础设施建设，坚持人与自然和谐共生，满足未来实现乡村振兴的需要，实现从"乡土田园型"实景形态向"美丽乡村型"的意境形态转变。

三、价值观念

价值观念是人基于一定的思想认识而对客观事物（包括人、物、事）或行为做出的认知、理解、判断或抉择。价值观念虽然具有精神文化属性，但其形成受到一个人所处的生产方式及其经济地位的影响。费孝通认为，所谓文化，是指一个团体为了位育处境所制下的一套生活方式。[①]客观事物所营造的处境，无时无刻不影响价值观念的形成和变迁。许多大山深处的苗民，由于长期处在农耕时代的经济社会生活当中，其价值观念在相当长一段时间内都是相对稳定而强势的。然而，随着生产方式的变迁、市场经济的渗透、网络世界的延伸、现代生活的转变，如今的苗族地区正在经历古今中外多种文化的融合交锋，价值观念也随之发生了结构性的深刻变化。

1. 市场观念的演变

以前的十八洞村作为一个相对封闭的村落，维持的是相对自给自足的生活方式，村民的市场观念还比较淡薄。近几年真正开放之后，村民在市场经济的作用下，逐渐找到了脱贫致富的好路子，这个过程无疑促使十八洞村人的思想观念发生了新的变化。

村民杨正邦原来在浙江打工，收入不错。在得知习近平总书记

---

① 费孝通：《乡土中国》，上海世纪出版社 2007 年版，第 241 页。

到十八洞村考察的消息后，他当即决定返回家乡。他说："我们是这里的主人，很多事情还得靠自己去做，现在农村也有很好的发展平台。总书记在十八洞村提出精准扶贫，大家来到十八洞村旅游，现在我们不用去外面，在家里也可以挣钱。"返乡后，他开始创业，办起了农家乐，生意相当红火，后来又扩建了带有吊脚楼的民宿，吸引游客住宿。像他家这样的农家乐，十八洞村现在有十多家，店名各具特色。古老的村寨有了浓厚的市场氛围，做生意搞经营发家致富成为大家的共同追求。正是通过这样的方式，十八洞村人真正实现了既照顾父母、小孩又有稳定收入的梦想。问及这几年村民的生活方式最大的改变是什么，杨正邦回答："是思想观念的改变，以前自己种地种菜自己吃，吃不完也不会拿到集市上去卖。现在来了游客，大家都会把自己的土特产拿出来卖。已经形成了一定的市场意识，家家户户都参与进来。"

老支书石顺莲卸任后，更是敏锐地抓住了市场机遇，她带头干起了手工苗绣产业，成立了十八洞村苗绣合作社，召集留守妇女拿起了日益生锈的绣针。苗族妇女善于纺纱织布、挑花刺绣，"仅刺绣的针法就有平绣、辫绣、缠绣、贴绣、绒绣、堆花、倒针等10余种，其古朴艳丽的服饰工艺由此可见一斑"[1]。她们通过市场机制，把原来仅供自己穿用的产品变成了一种有市场的商品，既保留了原有的风格，又加入了新的流行元素，真正地开发了苗绣的价值，每年订单多的时候有10多万元，少的年成也有6万元左右。苗

---

① 李乐为等：《浅谈苗族传统节日的功能——以湘西苗族为例》，《中南民族大学学报（人文社会科学版）》2006年第2期。

绣合作社还与株洲中车时代电气股份有限公司合作，每年定制生产10万元以上的苗绣产品，这为绣娘的收入提供了基本保障。合作社后续还在和专业公司商谈，在绣娘培训、款式创新、市场销售等方面加强合作。通过手里的一针一线，一手连接市场需求，一手连接传统技艺，十八洞村妇女在新的生活方式中，找到了身在家里就能就业、足不出户就能增收的发展路子。

市场经济的东风遍及每个角落，原来无人问津的土特产品摇身一变成为可以赚钱的商品。现在十八洞村的家家户户都在根据自身的实际情况寻找致富的门路，"懂种粮种树种瓜果的搞种植，会养蜂养鱼养羊的搞养殖，厨艺好的开饭店，有多余房子的办民宿，普通话讲得好的当导游，年纪大一些的做环卫，就是在家门口摆个山货摊也会有不错的收入"[①]。村民龙金彪说，村民们的思想发生了很大的变化，大家都想创业就业，想要发展。我们开了农家乐，开了民宿，连老奶奶都会在赶集前进货回来做买卖。这个创业就业的思想，原来是没有的。

现在"十八洞"已经成为市场的重要品牌——十八洞山泉水、十八洞黄金茶、十八洞猕猴桃、十八洞苞谷酒等纷纷成为热销产品。为了发挥名气效应，实施品牌强村战略，十八洞村积极申报了品牌保护名录，在蔬果、饮品、旅游产品等多个类别上注册了"十八洞"商标。大多数村民开起了农家乐或做起了小买卖，十八洞村的服装加工、种植业等均与外省企业开展了不同形式的合作；中国邮政、中国银行、中国移动、步步高集团、地球仓生

---

① 刘建武：《十八洞村的沧桑巨变与深刻启示》，《湖南日报》2020年11月3日。

态酒店等外地大企业也纷纷在村内设点，苗寨的商业氛围与往昔不可同日而语。

随着苗寨市场观念的演变，发家致富成为大家的追求，村民的精神面貌为之一变。然而，随之而来的问题是，当传统的价值观念被市场经济的利益观念替代后，会不会走上拜金主义之路？从目前的情况来看，十八洞村通过传统的文化教育、思想道德星级化管理、道德讲堂、村规民约、互助合作等方式，比较有效地抵御防范了不良思想的影响。当石拔哑老人在接待游客，与游客合影时，特意不把钱包拿在手里，而是放在远处的商品柜上，就是为了防止游客看到后误会，以为合影是要收钱的，怕造成不好的影响，而且她也从不担心脱离视线的钱包会被人拿走。目前，这种淳朴、真诚、善良的观念在十八洞村仍然是主流。

2. 社会心态的演变

社会心态是指在一段时期内弥漫在社会及其群体中的社会心理状态，是人们较普遍的社会态度、情绪情感体验及意向等方面的总体体现。从一些经验事实来看，近几年，十八洞村呈现出来的整体社会心态是从原先的封闭保守、"等靠要"走向了开放、自信、求进步。

由于特殊的地理环境和经济条件，原先的十八洞村交通受阻，信息不畅，经济发展较慢，村民整体文化素质不高，形成了较为封闭保守、安贫度日的社会风气。因为十八洞村穷出了名，其他地方的姑娘都不愿意嫁到十八洞村来。2013年，全村的单身汉就有近40

人。村民们说，过去出门都不好意思说自己是十八洞村人。

在这种环境中，一些村民难免形成了"等靠要"的思想。一些外出务工的村民通过电视看到习近平总书记到十八洞村考察，不少人心里就打起了小算盘：总书记给我们带来了大红包，赶紧回去分钱分物。在群众座谈会上，一些村民直接问："总书记给我们带来了什么好处？怎么还没发下来？"当地干部只能苦口婆心地讲实情、说道理、谈政策："总书记是要我们好好干，要我们撸起袖子加油干，靠自己的辛勤劳动实现脱贫致富。"

为了改变这种因贫困造成的不自信和"等靠要"心态，这些年来在扶贫攻坚过程中，十八洞村始终坚持把扶贫与扶志结合起来。为了防止"等靠要"的思想，明确提出"救穷不救懒、扶贫不扶懒"，那些好吃懒做、嗜赌成性、不务正业而导致贫困的家庭不但不能被评为贫困户，而且还对他们进行批评教育和思想帮扶，增强贫困户的自我发展意识，激发村民的信心。在做好群众的思想发动、宣传教育和情感沟通的基础上，按照"一户一门增收技术，一户一个增收项目，一户一个产业工人"的要求，"精准到户、量身定做，为贫困群众脱贫致富创造条件、搭建平台，充分调动了贫困群众发展生产、脱贫致富的积极性，激发了广大群众依靠自己勤劳的双手和顽强的意志脱贫致富的内在动力"[①]。

村民龙先兰就经历了这样的转变。他出生在一个特殊的家庭，父亲嗜酒，经常打骂母亲，母亲被迫改嫁。18岁那年，父亲病亡，留下他和12岁的妹妹相依为命。后来，一场大病夺去了妹妹的生

---

① 刘建武：《十八洞村的沧桑巨变与深刻启示》，《湖南日报》2020年11月3日。

命。年轻的龙先兰接二连三地承受亲人生离死别的打击，对生活充满了绝望。他逐渐变得封闭、寡言、自卑，整日借酒消愁，常常醉倒在马路上、水沟旁，30多岁还单身。在扶贫工作队的耐心帮助下，找准十八洞村气候适宜、植被茂密、花源丰富的优势，他开始发展蜜蜂养殖产业，并取得了巨大成功。后来在相亲大会上，一句"我没有才艺，但我有力气，哪个愿意跟我走，我让她幸福一辈子"的自信宣言，让他赢得了邻村姑娘吴满金的芳心。

现在，龙先兰家的土蜜蜂已经养到了400多箱，年收入50余万元，成了十八洞村有名的富裕大户。为了回报村寨，龙先兰先后邀请十多户贫困家庭组建了十八洞村蜜蜂养殖专业合作社。他说："以前工作队和村寨帮了我，现在我有了技术，就想出一份力，希望带着更多的人一起发家致富。"很快，养蜂成了十八洞村的品牌产业。龙先兰还带动周边村庄的村民加入养蜂事业，带领他们走上了共同富裕的道路。现在的龙先兰是养蜂专家，是致富能手，是公益事业热心人，是自信的十八洞村民。

村民杨远章的情况也是如此。以前因为穷，杨远章看不到生活的希望。他虽然长得牛高马大，但空有一身力气，不喜欢干农活儿，每天睡到午饭时间才起床。他喜欢骑着一辆旧摩托车往外跑。几年前，他骑摩托车外出时把两颗门牙磕掉了，四十几岁还没有成家。

后来，村寨开展精准扶贫，不少贫困户靠勤劳脱贫了，全村人的精神面貌发生了根本性的变化。在这种氛围的影响下，杨远章也逐渐有了想法："脱贫致富贵在立志，只要有志气、有信心，就没有迈不过去的坎。"他先是种上了黄桃，后来因为对石头感兴趣，又开起了奇石店，还把自家房子租给了中国邮政开办村邮政所，他的精神面貌也有了极大改善。

杨远章本就心地善良，为人正直，改掉"懒"的习性后，他获得了大家的认可。在2017年村两委换届选举时，他当上了梨子寨的小组长。2019年，通过应聘又当上了十八洞旅游公司保安大队队长。一勤天下无难事。他的家境由此变了，媳妇也来了，小日子越过越红火。2020年抗疫期间，杨远章自发带头捐款，得到了村民的积极响应，展现了十八洞村人知恩、感恩、报恩的精神境界。

还有一个比较典型的贫困户刘青斌，他的改变也很大。刘青斌有肢体残疾，老婆有严重的智力障碍，家里3个孩子。在扶贫工作队进村之前，他基本满足于吃低保，经常拿低保金去买酒喝，还天天打老婆孩子。扶贫工作队入村之后，多次上门和刘青斌沟通。慢慢地，他愿意与人交流了，还请求扶贫工作队给他找出路，愿意通过自己的劳动解决自己的生活问题。扶贫工作队根据他的身体条件，给他安排了一个交通疏导员的工作，一个月收入1500元左右。此后，刘青斌渐渐有了一种特别的幸福感与自豪感，因为自己能够靠力所能及的劳动养家糊口了。他的老婆不能照顾孩子，他就把孩子带上一起去工作。他对人很有礼貌，虽然敬礼不是特别标准，但却是发自内心的。现在他还把大女儿送到城里去上学，希望下一代接受好的教育，不断往好的方向发展。他终于挺起了自己的胸膛。

十八洞村村民精神面貌的变化是十八洞村最大的变化，也是最成功的一条经验——那就是把贫困群众的精气神提起来，把"要我富"变成"我要富"。村民施进兰说："以前十八洞村就是偏僻、贫困、落后，每家每户每个人都愁眉苦脸，现在脱贫过上了好日子，每个人脸上都洋溢着幸福的笑容。"当前的十八洞村不仅摆脱了贫困、改变了落后的面貌，更为可贵的是形成了积极向上、自立自强、乐观自信的精神状态和社会风气。老百姓对生活充满自信，他们不仅变得格外热情，而且在言行中流露出一种特有的自信和骄傲。另外，他们对以后的美好生活满怀期待和向往，他们认定这么干下去，完全可以过上更好的生活。

3. 互助合作

十八洞村能够在短时间内摆脱贫困，实现跨越式发展，原因是多方面的，其中村民的互助合作是不可忽视的重要因素。十八洞村的4个寨子由两个行政村合并而成，原来在村与村之间、组与组之间、寨与寨之间，难免存在历史矛盾和摩擦，全村缺乏凝聚力、向心力。村民将这种现象称为"村合心不合"。人心不齐、自由散漫、各行其是成了制约村子发展的重要因素。

对于这种状况，许多人看在眼里急在心上。为了提升组织化程度、形成发展的合力，十八洞村以脱贫攻坚为契机，及时对村级两委班子进行了调整，有志向、有能力、有干劲的年轻人和致富能手成为村子的带头人。接下来，十八洞村通过互助合作的形式对握指成拳、共同发展的问题进行了有益探索。

针对村民生产经营过程中零星分散、各自为战、技术落后、不成规模、销售困难和缺乏竞争力的情况，十八洞村把分散农户的个体生产活动组织起来，采取"农户+合作社+公司"的模式，先后组建了苗绣、牧业、猕猴桃、果桑种植、油茶种植、山羊养殖、养猪、辣木茶种植等农民专业合作社组织，依靠这些专业合作社把单个分散的农户组织起来，有计划地按订单或合同进行生产，扩大了经营规模，提高了市场竞争力，有效地解决了政府"包"不了、集体"统"不了、单家独户"办"不了的许多事情，提高了农民进入市场的组织化程度。

针对农民建设新房、改造旧房和环境整治过程中单靠一家一户无法完成又没有钱雇工的情况，十八洞村把年轻力壮的劳动力组织起来，成立了"十八洞村青年突击队"。突击队的任务是只干活出力，不要工资报酬，帮助村寨欠缺劳力的农户编竹篾条、糊泥巴墙、铺青石板，使全村"五改"工程稳步推进。几年来，村民自愿投工投劳3000多个工日，你家干完我家干。通过这种互助合作的形式，既办成了一家一户无法办成的大事，又极大地节约了成本。

同时，探索股份合作扶贫，组建花垣县十八洞村苗汉子果业有限责任公司发展猕猴桃产业，注册资本金600万元。其中苗汉子公司出资306万元，占51%的股份；十八洞村出资294万元，占49%的股份。十八洞村的股份由十八洞合作社和村集体经济两个部分组成，十八洞合作社由村民出资组建，入社资金按照贫困人口542人的政策扶持资金共162.6万元入股，占27.1%的股份。非贫困人口397人的政策扶持资金共59.55万元入股，占9.9%的股份。村集体经济申请专项资金71.85万元入股，占12%的股份。股份合作形式形成了农民获得长期稳定收益的机制，壮大了集体经济，强化了互助合作的基础。

十八洞村还以"互助五兴"基层治理模式在全村塑造一种互助文化。通过"学习互助兴思想、生产互助兴产业、乡风互助兴文明、邻里互助兴和谐、绿色互助兴家园",村民积极学习精准扶贫政策，激发内生动力，克服了"等靠要"思想；村民创新"互助金"制度，通过多种形式不断壮大"互助金"规模，破解了贫困人口发展资金难的问题，提高了自我发展能力；村民制定新的村规民约，破除聚众赌博、大办婚丧、封建迷信等陋习，营造文明乡风；村民邻里和睦、守望相助，形成了"村有微信群，组有联系人，有事一声喊，帮忙送上门"的互助联动机制，形成了相互帮助、团结合作、共同发展的良好氛围。

4. 村庄网红

随着互联网经济的发展，电商扶贫、直播带货正在引领农村新的发展潮流。商务部发布的数据显示，2019年，全国农产品网络零售额达到3975亿元，同比增长72%，体现了电商"带农货"的巨大潜力。"电商企业+贫困村+贫困户""电商网店+贫困户"的方式，在全国电商扶贫中发挥着越来越重要的作用。通过互联网，农民得以把自己的名字和自家的农产品链接到全国电商这张巨大的销售网络当中。

十八洞村也不例外。为解决全村贫困农户进入市场能力不足、农副产品难销的问题，十八洞村抓住湘西推行电商扶贫的契机，利用现代营销手段，借用中国邮政的"邮三湘"网络平台，建立微信公众号，开通淘宝店，同时与当地电商领头羊企业开展合作，搭建"湘西为村"网络平台等，积极开拓农副产品电商市场，进行电商品牌培育。在互联网经济的探索过程中，最具有带动效应的就是出现了十八洞村网红"三小施"。"三小施"是指施志春、施林娇、施康三人，他们是苗寨三个返乡的90后大学生，其中施志春还是硕士研究生。他们在网络直播平台上共有3个账号：一个展示乡村生活，直播带货；一个打卡自然风景，宣传旅游；还有一个介绍美食，特别是腊肉。"三小施"如今已累积起10万多粉丝，吸引多家媒体进行报道，成为十八洞村一张亮丽的名片，也为未来十八洞村的持续发展探索着新的发展空间。

施林娇是95后，她从浙江音乐学院音乐表演专业毕业后，在湖南浏阳的一家烟花公司做宣传推广工作。公司包吃包住，一个月能挣到6000元。施康的大学学的是动漫设计与制作，毕业后曾在长沙一家传媒公司里"孵化"网红，他觉得施林娇也可以"红"。施志春作为苗寨培养的第一个研究生，毕业后回到十八洞村，在一个镇上当英语老师。

他们三人原来在外地都有着不错的工作。自从十八洞村发生翻天覆地的变化后，很多外出务工人员纷纷返乡创业，这样既可以服务家乡，又可以照顾家人。"三小施"也带着自己的理想和知识，回到十八洞村创业。他们认为，现在是5G时代，网红带货是发展的趋势，网络直播是当下一个风口，是一个很好的创业机会，而家乡的历史文化、民族风情、自然景观、土特产品等为他们提供了良好的资源。为了让更多的人了解十八洞村，"三小施"开始了自己的直播之路。施志春负责策划，施康负责视频拍摄和制作，长相甜美的施林娇负责出镜直播。"三小施"一面世，就获得了不少年轻人的喜爱，为古老的苗寨注入了一抹亮丽的青春之色。

"三小施"网红现象在十八洞村看似是一个偶然事件，但是其象征意义重大。它表明十八洞村村民开始接触新鲜事物、新的技术手段、新的销售平台，更重要的是逐渐形成了一种新的发展理念、一种新的文化形式。如今"三小施"已经成了十八洞村的宣传代言人，很多来村里参观的游客都是因为看了他们的直播视频，奔着他们而来的。他们既把苗寨家乡介绍给了更多人，同时也不断成就着自己的人生梦想。"三小施"认为十八洞村发展得越来越好，在脱贫攻坚结束后，还要继续推进乡村振兴，要通过电商为十八洞村的乡村振兴贡献年轻人的力量。

现在，大城市的电商已经发展得比较充分，而农村的电商和网红带货还处在起步阶段，农村的原生态、无污染的土特产品在城里拥有巨大的市场，如果能够通过电商对接城市市场，无疑是大有可为的。"互联网+"最大的机遇在农村，最大的红利也在农村，这张流动着信息和资源的无形之网，意味着巨大的市场，意味着庞大的消费者，意味着无限的可能性。但是，农村的土特产品本身处于价值链末端，这些原生态的产品在市场上卖不起价格，只有通过再加工，打造品牌，赋予产品更多的附加价值，才能更有市场，也更卖得起价，这也是"三小施"接下来需要努力突破的。

第五章

苗寨社会结构

改革开放 40 多年来呈现出来的社会变迁，尤其是村庄演进，可以用"千年未有之大变局"来形容。如果说改革开放的体制变革与城镇化、工业化快速发展带动了多数村庄社会的现代转型，精准扶贫推进的全面小康社会建设则为少数贫困落后村庄的社会转型提供了强大的动力。十八洞村的精准扶贫不仅引领农民从传统农业生产中解脱出来，实现了经济发展的飞跃，而且促成了价值观念、人口结构、人际交往、家庭关系等多个层面的变化，使村庄社会结构跟上了现代化的发展步伐。

一、人口结构

人口是村庄存在的基础。村庄的演变与人口结构有着重要的关联。十八洞村作为一个山区的贫困村，本是一个以传统农业为主要产业、以劳动力外出务工收入为家庭主要收入的村庄，在精准扶贫的推动下，借助城镇化的带动力与农村经济的多元化发展，出现了劳动力回流、职业多元化、"新农人"崛起的全新局面，为村庄可持续发展提供了有力支撑。

1. 人口的流动

人口流动被认为是改革开放以来中国经济高速增长的重要原因。中国人口流动的一个显著特征，是相对落后的农村的人口向相对发达的城镇流动。一方面，人口流动中实现了农业劳动力转移、流动和重新配置，"是这一时期中国经济增长最根本的源泉"[1]；另一方面，人口由低效的农业向更高效的城镇非农产业流动，使农村劳动力的收入得到了巨大提升，进而吸引了更多的农村劳动力向城镇流动。由此形成了一个正向循环，促成了改革开放以后农村人

---

[1] 蔡昉：《改革时期农业劳动力转移与重新配置》，《中国农村经济》2017年第10期。

口大规模向城镇流动这一令世人瞩目的现象。

人口由农村向城镇流动，大体有两种情况：一是劳动力外出打工。大部分在沿海相对发达地区打工，如湖南外出打工的多集中在广东省。由于村庄多是熟人或亲戚关系，也形成了打工的小集聚现象。即往往一个村庄先出去打工的，在站稳了脚跟后，又介绍带动村里的其他人出去打工，形成了一个村的劳动力往往集中在一个城市或相邻的城市打工的现象。十八洞村的劳动力就多数集中在广东、浙江打工。有些打工的，将老人、小孩留在了农村。在精准扶贫前，十八洞村空巢老人、留守儿童现象十分严重。有些打工的，在城市的工作稳定后，将一家人都带到了城里，实现了向城市常住居民的转变。二是通过教育。即农村家庭子女通过努力考入了城里的大学，毕业后一般直接在城市就业。如根据十八洞村2014年初的统计，全村16～35岁的青年中有21位中专生和大学生，除4位待业外，其他人均在城市就业。

过去，十八洞村是一个靠天吃饭的村庄，由于耕地面积有限，很多劳动力都选择外出务工。根据官方统计，2011年全村共有劳动力540人，其中外出务工230人，占劳动力的比重超过42.6%，分别高出全州、全县总体水平5.3个百分点、5.1个百分点，有的家庭主要劳力全部外出。据村干部介绍，精准扶贫前，苗寨外出打工的有将近400人，那就意味着有2/3以上的劳动力在外务工，这是一个很高的比例。一般来讲，55岁以上的农村劳动力就不会再出去务工，因为年龄偏大，找工作的难度会增加，而且家里总要留有人手。所以，如果有一半或者2/3的劳动力在外务工，就表明青壮年劳动力基本上都外出务工了。

在开展精准扶贫后，随着十八洞村资源的不断开发，以及经济发展水平的不断提高，苗寨的人口流动出现了两种情况：一是苗寨外出务工的劳动力不断回流。据村干部介绍，现在在外务工的人数减少到了170人左右。也就是说，有一半左右在外务工的劳动力回到了村里，按他的说法是"基本上能够回来的都回来了"。二是外来人口不断增多。过去，在十八洞村这样的贫困村，外来人口是十分少见的。近年来，随着旅游业的兴起，来十八洞村从业的外来人员越来越多，约七八十人，这对于一个村子来说，规模已经比较大了。

导致人口流动的因素有很多，在社会比较稳定的情况下，导致人口流动的主要因素是经济因素。改革开放以来，区域发展不平衡与城乡发展不平衡，是导致人口流动的主要因素，流动的方向是由欠发达地区向发达地区流动、由农村向城市流动。近年来，随着乡村经济不断发展与乡村的资源价值不断被挖掘，乡村的创业发展空间得到拓展，出现了越来越多的返乡创业现象。在脱贫攻坚的过程中，十八洞村不仅出现了明显的劳动力回流现象（驱动因素不是年龄，而是创业发展的机会），而且出现了村外人口流入的现象。正如村干部总结的，"鸟儿回来了，鱼儿回来了，虫儿回来了，打工的人儿回来了，外面的人也来了"。这是脱贫攻坚带来的巨大变化，它对十八洞村的社会结构的影响是深远的。

2.职业的变化

职业源于社会分工，是人们服务社会并获得生活来源的工作。在相同的经济环境下，不同的职业对从事职业的人有着不同的要求，也往往会有不同的劳动报酬。国家人力资源和社会保障部将职业划分为八大类（如表5-1）。这里主要探讨十八洞村常住人口的职业，在外面长期务工的人口职业分散，且具有动态性，笼统地以务工为职业名称，从本村出去的党政机关、事业单位、公有制企业在编工作人员，由于户籍不在本村，则不在探讨之列。十八洞村人从事的职业主要集中在第四、五、六大类，这三大类实质上与第三产业、第一产业、第二产业相对应。

表5-1　职业分类表

类别号	类别名称
第一大类	国家机关、党群组织、企业、事业单位负责人
第二大类	专业技术人员
第三大类	办事人员和有关人员
第四大类	商业、服务业人员
第五大类	农、林、牧、渔、水利业生产人员
第六大类	生产、运输设施操作人员及有关人员
第七大类	军人
第八大类	不便分类的其他从业人员

注：本表内容来自人力资源和社会保障部国家职业资格管理网

实际上，随着农村人口的大规模流动和农业生产现代化程度的不断提高，村庄的职业难以进行精确的分类，因为出现了普遍性的农民兼业现象，如有些人农闲时在外面务工，农忙时回家务农；有些人是以在本村或周边村做零工为主要职业，但农活儿也不会落下。但如果以一个家庭的主要收入来源作为划分依据的话，仍大致可以进行职业分类。通过对2013年十八洞村家庭主要收入来源的统计，可以发现村民从事的主要职业有：务工、农业、做零工、村干部、运输、经商、医疗等。在统计的229户中，收入主要依靠务工的占54.6%，既依靠务工也依靠农业的占18.3%，主要依靠农业的占15.7%；其中做零工的12户，拿财政工资的（含村干部等）8户，从事运输的3户，从事医疗的1户，从事经商的1户。以户为单位进行职业分类，是难以精准的，往往一个家庭中有多种职业，而且家庭成员中还有兼职，比如村干部家里也有从事农业的，做零工的本身也从事农业，其家庭也有专门从事农业的等。

从整体上看，上述这些都是村庄传统的职业。在实施精准扶贫后，随着十八洞村的资源开发，尤其是旅游产业的逐步兴起，村庄的职业范围得到明显拓展。目前，新出现的职业主要有两大类：一类是商业、服务业人员，包括旅游公司管理人员、讲解员、客运员、保洁员、保安，酒店经营管理人员、厨师、服务员，自办农家乐的村民、在农家乐帮工人员，售卖土特产、小商品的摊贩，网络直播销售员，银行、保险等机构职员。另外，苗寨还出现了出租户。如一位村民家的两间房子出租给农业银行作为服务站，一年房租收入4万元。另一类是第二产业的生产人员。这源于十八洞村的手工业得到了发展，如在老村支书的带领下，成立了十八洞村苗绣特产农民专业合作社，集聚和培养了一批民间绣花能手（其中十八洞村有26名妇女），合作社获得了稳定的苗绣订单，"绣娘"这类手工生产人员也就成了村庄较为稳定的职业。

村庄既是生活单元，也是生产单元。随着乡村经济社会发展与农业现代化的推进，村民离土不离乡实现脱贫致富，成为创造农村美好生活的重要途径。十八洞村村民的职业由较为单一的外出务工、村内务农等职业，逐步演变为多产业领域的多元化职业，这既体现出村庄产业发展的多元化，也体现出村庄社会分工的进一步细化。由于村庄耕地资源匮乏，苗寨从事农业的群体本来就不多，职业的拓展主要由外出务工人员返乡与外来劳动力来实现，这与前述村庄人口流动的情况相印证，构筑出十八洞村蓬勃发展、就业创业机会不断增多的新景象。

3.青年的抉择

青年是最富有朝气、活力和创造力的群体。习近平总书记指出："青年兴则国家兴，青年强则国家强。青年一代有理想、有本领、有担当，国家就有前途，民族就有希望。"[1]因为青年最具活力，在改革开放的进程中，广大农村青年成为最具流动性的群体，他们通过各种途径，进入具有更大发展空间的城镇追求梦想，为城镇化、工业化注入了强大动力，但也因此导致了在农村就业创业的

---

① 习近平：《决胜全面建成小康社会 夺取新时代中国特色社会主义伟大胜利——在中国共产党第十九次全国代表大会上的报告》，《人民日报》2017年10月28日第1版。

青年群体不断减少，一度成为城乡二元结构中的"痛点"。

青年的年龄段界定并没有统一的标准。按照国家统计局的口径，青年的年龄段是15～34岁。由于正在上学的青年的未来职业发展具有不确定性，本文仅以十八洞村不再上学的青年为分析对象。十八洞村2014年初曾对16～35岁的人口进行过统计（详见表5－2），在这个年龄段的人口共245人。其中高中以上

表5－2　十八洞村16—35周岁人员统计表

统计时间：2014年1月28日

	类　别	人数	
文化程度	小学	52	245
	初中	128	
	高中	13	
	中专	24	
	大专	24	
	本科以上	4	
人员分布	在家人数	59	245
	外出人数	160	
	在校人数	26	
低保人数		10	10
性别	男性	150	245
	女性	95	

文化程度的占27%，初中文化程度的占52%，小学文化程度的占21%。有160位青年在外务工，占65%；有在校学生26人；也有59位青年留在村内，其中包括大中专院校刚毕业的学生。村委会也对这些青年的培训需求进行了统计，有66位青年有明确的培训需求，其中14人选择养殖、种植培训，占21%；绝大部分青年选择的是服务行业的技能培训。实施精准扶贫之初，十八洞村的青年在自己的

职业发展规划上体现出两个特征：一是以外出就业创业为主，把未来发展的希望主要寄托在城镇；二是除大中专毕业生外，以从事服务性行业为主，希望在服务性行业找到自己的发展空间。

随着精准扶贫的深入实施，十八洞村在发展上取得了明显成效，十八洞村的青年看到了家乡的喜人变化，思想与行动上也发生了重大变化。近年来，有一半左右的劳动力回村发展，其中就包括不少的青年人，最典型的就是施林娇、施康、施志春这3位大学生。他们不是短暂地为家乡作贡献，而是有着长期在家乡发展的意愿与计划。除这3位大学生外，还有一批有志青年返乡创业，他们主动承担起建设家乡的重任。如出生于1992年的龙金彪，担任十八洞农旅农民专业合作社的理事长；出生于1989年的杨斌，从乌克兰辞职返回家乡，成为一名村干部；出生于1998年的施俊，考取了湘西长行村镇银行客户经理，在十八洞社区银行为村庄服务，等等。这批青年人在十八洞村勇当先锋，艰苦创业，立志带动乡亲脱贫致富，成为新时代十八洞村的"新农人"。苗寨也对青年一代寄予厚望，成立了"青年民兵突击队"，他们在村庄的一些公共事务中发挥了主力军作用。

青年是国家的希望，也是每个村庄的希望。青年也是最有追求、最有抱负、最能勇立潮头的人。十八洞村的返乡青年虽然也具有浓厚的家乡情结，但他们更看重的是在家乡施展才华的发展机遇与发展空间。当精准扶贫开启了十八洞村发展的新征程后，青年一代便主动担负起建设家乡的重任，一批又一批的青年选择回乡就业、创业。从上述几位青年的例子可以看出，青年返乡不是简单的劳动力回流，他们带来的是新的理念、新的思路、新的技术，他们不仅是引领村民脱贫致富的带头人，更是推动传统村庄向现代村庄转型的重要力量，必将助力十八洞村走向更加辉煌的未来。跳出十八洞村来看，吸引更多的农村青年返乡就业、创业，也许是中国推进城乡融合发展、实现农业农村现代化的必由之路。

二、人际关系

中国传统乡村社会是一个长期封闭的农业社会，因而也是一个相对稳定的社会，人际交往集中在熟人圈。[①]打破乡村社会的封闭性，关键在于突破乡村熟人社会血缘、亲缘的桎梏，提高人际交往的社会性，在这方面，中国城镇化与市场经济发展发挥了关键性的促进作用。十八洞村在精准扶贫的推动下，以思想解放与经济开放为基础，实现了村庄社会从熟人社会进入多主体社会，从保守走向开放，从重人情交往走向重契约合作的重要演变。

1.熟人与陌生人

费孝通在《乡土中国》一书中提出，传统的乡村社会是一个

---

① 陈文胜：《大国村庄的进路》，湖南师范大学出版社 2020 年版，第 52 ～ 53 页。

"熟悉"的社会，没有陌生人的社会，在这样的熟人社会，"我们大家是熟人，打个招呼就是了，还用得着多说么？"①这是传统村庄社会的典型特征，因为彼此熟悉，所以相互信任，自然而然遵守规矩。新中国成立后，行政村功能逐步取代自然村功能，以村为单位的熟人社会发生了巨大变化。对此，贺雪峰提出了"半熟人社会"的概念，认为随着行政村体制的建立，村庄虽然依然为村民的生活乃至生产单元，但已有越来越多的关系在村庄一级虚化，而在行政村一级集结，对于这类行政村，可以称为"半熟人社会"。在"半熟人社会"，村民之间已由熟识变为认识，相应的实现了由礼治到法治、由无讼到契约、由无为到有为，由长老政治到能人政治的转变。②针对中国城镇化对村庄发展的影响，吴重庆提出了"无主体熟人社会"。他认为，乡村虽然还是聚居社区，邻里之间虽然还是"抬头不见低头见"的老熟人，但由于乡村大量青壮年劳动力长年的异地化生活，已导致乡村社会的日常生活运作有异于"熟人社会"的逻辑，乡村社会成了"无主体熟人社会"③。从十八洞村近年来的发展变化看，上述这些理论既有一定的解释价值，又难以完全诠释新时代的新变化。

　　十八洞村由竹子村、飞虫村两个行政村合并而成，辖梨子寨、竹子寨、飞虫寨、当绒寨4个自然寨。该村是苗族村，根据2015年的统计，全村仅5位村民不是苗族，其中3位是汉族、2位是土家

---

① 费孝通：《乡土中国》，生活·读书·新知三联书店2013年版，第7页。
② 贺雪峰：《论半熟人社会》，《政治学研究》2000年第3期。
③ 吴重庆：《从熟人社会到"无主体熟人社会"》，《党政干部参考》2011年第2期。

族，且均是通过婚配进入本村的，其他全部为苗族人。由于与外面通婚的原因，十八洞村的姓氏有10多个（详见表5-3），但从户主来看，主要是四大姓氏，即隆、龙、施、杨，四大姓并非完全集中，而是交叉分布在6个小组中。由于十八洞村是4个自然寨合并而成，姓氏多又交叉分布，且村庄在山区，面积达到9.4平方公里，村民与村民之间虽然认识，但并不能都熟识，因而具有"半熟人社会"的特征。由于该村绝大部分村民属于苗族，苗族文化保留完好，大家保留着相同的生活习俗，共同参与重要文化活动，共同遵守苗族的"规矩"，因而仍然有着明显的"熟人社会"的逻辑。

表5-3　十八洞村户主姓氏统计情况

单位：户

	隆姓	施姓	龙姓	杨姓	刘姓	石姓	田姓	吴姓	秧姓	梁姓	麻姓
1组	34	5	10	1	0	2	1	2	0	1	0
2组	28	2	3	0	0	7	0	0	1	0	0
3组	5	2	19	0	0	0	0	1	0	0	0
4组	1	24	14	2	0	0	0	0	0	0	1
5组	4	11	10	6	5	0	0	0	0	0	0
6组	0	9	2	17	0	0	0	0	0	0	0
合计	72	53	58	26	5	9	1	3	1	1	1

由于交通阻塞、生活条件较为恶劣，十八洞村曾经长期处于贫困状态。为了生存，部分人跳出"熟人社会"的逻辑，逾越"规矩"去偷、盗、抢，尤其是偷盗林场树木的现象时有发生。在偷盗未得到有效遏制的情况下，又滋生了一些不劳而获、游手好闲的

人，苗寨的治安状况一度很差。村支两委为了解决这一令人头痛的问题，就引导青壮年外出打工。一些人在外站稳脚跟后，又带动更多的人外出打工。逐渐地，全村多数青壮年都外出打工了。这一举措尽管解决了村庄社会的治安问题，但"无主体熟人社会"的特征又表现出来了。由此，精准扶贫前的十八洞村兼备了理论上所称的"熟人社会""半熟人社会""无主体熟人社会"的特征。而对于一个生存条件恶劣、长期处于贫困的村庄来说，无论处于何种时代，"熟人"这一基本的特征不会发生变化。因为外地人是没有进入一个缺乏生存发展空间的村庄的意愿的。但如果发展空间打开了，则会出现人口的流动，从而导致"熟人社会"出现结构性变化，这是现代社会的逻辑。

十八洞村有"陌生人"进入，是从驻村扶贫工作队进驻开始的。在2013年以前，村庄进驻过多支扶贫工作队，工作队主要是在基础设施上给予支持，给村庄带来了生产生活条件的改善，但并未能显著影响村庄的社会结构。自开始精准扶贫以来，扶贫工作队的扶贫方式由重生存条件的改善转向了重发展空间的拓展，才真正打开了"陌生人"进入的通道。这些为十八洞村的发展作出了贡献的"陌生人"包括：扶贫工作队队员，苗汉子合作社、永顺县乌龙山富硒猕猴桃专业合作社管理人员，吉首大学专家，十八洞山泉水厂的外地员工，十八洞旅游公司的外地员工，十八洞地球仓生态酒店的外地员工，荣誉村民（到十八洞村认领桃树的客人），以及每年高达数十万的游客（据统计，2019年到十八洞村参观、学习的游客达60万人次）等。尽管这些人并不都常驻十八洞村，但对于一个小小的村庄来说，庞大的人口流动带来的信息流是巨大的，使村庄彻底打破了传统"熟人社会"的封闭格局，也突破了"半熟人社会""无主体熟人社会"的特征，进入到城市文明与乡村文明交融的多主体社会。

多主体社会打破了传统"熟人社会"的结构，熟人、陌生人在同一个空间里生存、发展或者获得自己的需求，一些陌生人会变成熟人，一些陌生人永远是陌生人。这样的多主体社会有着多元的利益诉求，人们共处的方式发生了变化，村庄共同体的秩序具有了更多的现代性。就目前来看，十八洞村还处于乡土社会向现代社会转型的过程中。随着未来的发展，"陌生人"还会越来越多，新的社会网络关系会不断形成，从而推动十八洞村真正进入新的现代社会格局。

2. 保守与开放

在费孝通看来，乡土社会的生活是富于地方性的，在区域间接触少，生活隔离，各自保持着孤立的社会圈子，乡土社会在地方性的限制下成了"生于斯、死于斯"①的社会。正是这种地方性的限制，形成了中国传统乡村的保守性和封闭性。由于传统乡村社会是以家庭为本位的，因而是"系维着私人的道德"的社会，人们对家庭、家族的利益认同超过了对社会共同利益的认同，也因此长期维系了所谓的"小农意识"，表现为小富即安、进取精神不足，只看眼前利益、缺乏长远眼光，于"私人"有利的事就做、有损"私

---

① 费孝通：《乡土中国》，生活·读书·新知三联书店 2013 年版，第 5～6 页。

人"利益的事不做或反对等。过去的十八洞村社会正是盛行着这样的保守思想，长期未能走出贫困的怪圈。

过去，十八洞村的保守可以从一些事例中窥见一斑。2013年，习近平总书记到十八洞村考察后，村民们欢欣鼓舞，认为总书记会带来一大笔钱，一些在外打工的人急着回村分钱，结果钱没分到，村民们就抱怨声一片。村里的道路要加宽，需要占用部分村民的土地，但村委会没钱补偿，村民们就不干，还到处去告状。苗寨进行电网改造，电杆要埋在村民的地里，村委会没钱补偿，村民们就不允许。发展猕猴桃产业，扶贫工作队召开动员会，动员村民入股，结果有80%的村民反对，会没开完，村民就走得差不多了。扶贫工作队经论证计划建一个矿泉水厂，由于村委会没钱，号召村民入股，没钱的可由村集体担保贷款，但村民们都不肯入股。类似这样的事例还有很多。尽管通过扶贫工作队与村干部耐心细致地做思想工作、引导工作，上述事情都逐步得到了较圆满的解决，但这些事例也反映出十八洞村村民当时的思想保守状况与故步自封行为。

正是看到了十八洞村村民的保守，扶贫工作队将扶贫与扶志启智结合起来，在推进扶贫产业开发的同时，开展了大量思想教育工作，采取了"思想道德建设星级化管理"模式、青壮年劳动力培训、道德讲堂活动、带领村民外出参观考察等一系列措施，帮助村民打破保守思想，树立自建家园的信心。实践证明，这些措施富有成效。从现在来看，十八洞村村民的思想观念发生了巨大变化。现在，进村道路的升级改造和机耕道等公益设施建设所到之处，村民纷纷无偿让出土地。苗寨的矛盾大大减少了，村民对村支两委的满意率达到98%以上。村民发展生产、脱贫致富的积极性前所未有的高。村民的思想活跃了，接受新鲜事物越来越快，发展乡村旅游、种养、加工业的想法实现了高度统一，苗寨办起了10多家农家乐，厨艺好的开起了饭店，有多余房子的办起了民宿，会说普通话的姑娘和小伙当起了导游，懂网络销售的年轻人办起了直播带货，老年人在家门口摆起了山货摊。苗寨接受了多家外部企业的投资，组建了多个专业合作社，村民们积极入股企业当起了股东，等等。这些充分表明，今天的十八洞村正在以全新的开放姿态融入市场经济大潮，以主动的创造精神开创美好生活，以团结合作、自力更生的心态与行动共建家园。

"总结十八洞村脱贫致富的经验有很多条，但归根结底最重要的一条，就是依靠自身的力量摆脱贫困、走向富裕。"[①]而这种力量就是源于思想观念的改变，即从家庭本位的"小农意识"走向开放合作、创新创造的"现代意识"。

3. 人情交往与契约合作

在传统的乡村"熟人社会"，人情是人们交往的基础。费孝通认为，"人情交往具有维系熟人社会关系稳定与社会关系延续的基本作用，并在熟人社会关系构建中形成相对稳定的社会交往的秩序"。这种人情交往并不限于日常仪式性人情，也表现为熟人之间彼此的信任。大家都是熟人，凡事"卖个人情，给个面子"，是乡村社会交往的重要逻辑。"乡土社会里从熟悉到信

---

① 刘建武：《十八洞村的沧桑巨变与深刻启示》，《湖南日报》2020年11月3日。

任。这信任并非没有根据的，其实最可靠也没有了，因为这是规矩""乡土社会的信用并不是对契约的重视，而是发生于对一种行为的规矩熟悉到不假思索时的可靠性"①。正是熟人之间这种"规矩"的存在，人们在社会交往中把感情放在首位。

在十八洞村，随着时代的变迁，以"熟人社会"为基础的人际关系发展经历了多重变化。在过去相当长的一段时期内，人们的相互交往是一种较为纯粹的人情往来，谁家办个红白喜事、建个房，左邻右舍大家一起帮忙，农忙时相互帮助，这些都不会谈报酬。邻居之间、家庭内部有矛盾了，年纪大一点的、辈分高一点的长者出面协调一下，也就相安无事了，形成了一种以家族为核心、以人情为纽带的乡村社会互助性人际关系。改革开放以来，随着市场经济的发展、基层治理结构的变化、苗寨的大部分劳动力外出务工，村民之间的共同活动日渐减少，村庄向"半熟人社会"和"无主体熟人社会"演变，家族关系日益淡化，紧密的邻里关系也出现了松动。加上十八洞村长期处于贫困状态，留在苗寨的村民眼界狭窄、文化素质较低，在市场经济的利益观影响下，传统"熟人社会"的人情观念逐渐淡化。这在社会生活中表现为两种现象：一是村民的荣辱观、面子观淡化。苗寨曾一度出现较为普遍的偷盗、打架斗殴等行为，比如偷盗树木，从一个人偷发展到一群人偷，从晚上偷发展到白天也偷，从偷林场的树发展到偷农民自留地里的树，形成了一股坏风气；一些留村的年轻人包括青少年经常抱团打架斗殴、寻衅闹事。二是邻里矛盾多发。邻居之间因一点小小的事情就会发生

---

① 费孝通：《乡土中国》，生活·读书·新知三联书店 2013 年版，第 7 页。

矛盾，比如你家里养的鸡、鸭跑到我家里来拉屎，到我菜地里吃菜，就会发生争吵，还经常会把矛盾闹大，然后就去找村干部解决。这就具备了较典型的"无主体熟人社会"人际关系的特征："舆论失灵""'面子'贬值"[①]。由于传统"熟人社会"的根基尚存，"乡土社会这种家庭关系本位的短视和非理性行为忽视契约规则的存在"，并"很难发展出普遍平等的公共伦理关系与公共精神"[②]。正是基于传统十八洞村这些与现代社会不相容的行为的存在，村干部伤透了脑筋。

精准扶贫以来，随着思想教育工作的推进与村庄基础设施条件的改善、经济的发展，十八洞村村民的思想不断解放，开放意识逐步增强，契约精神逐渐形成。

村民通过契约化的方式组织起来，形成了各种类型的村庄经济组织。如农旅农民专业合作社、苗绣合作社、种植专业合作社、养殖专业合作社等，这些经济组织以契约为基础，以村民自愿为前提，实现了村民在生产经营上的再组织化。

村民在交往中形成了订立契约的习惯。市场经济本质上是一种契约经济，随着十八洞村商业活动的增多，村民们越来越依赖契约开展市场经营活动，如农家乐与民宿经营、农产品销售、本地就业等，无不需要依靠契约来建立经济关系，村民们也在信守契约中普遍懂得了诚信经营的重要性。随着村民契约意识的增强，村干部在与村民的交往中也使用起了契约这一工具，比如在村民同意某个公

---

① 吴重庆：《从熟人社会到"无主体熟人社会"》，《党政干部参考》2011 年第 2 期。
② 杨建华：《中国乡土社会与现代社会发展》，《浙江学刊》2015 年第 2 期。

共事项后，村干部一般会让村民签字，表明已经同意这个事项，不能再随意反悔。

村民日常生活中的互助合作明显增强。十八洞村探索推行了"五兴"互助基层治理模式，即以"党员+产业大户（或致富能手、社会能人等）+群众"的形式，由有帮带能力的党员、村组干部等担任组长，就近联系5户左右群众，建立互助小组，结成利益共同体，实行"学习互助兴思想、生产互助兴产业、乡风互助兴文明、邻里互助兴和谐、绿色互助兴家园"，取得了明显成效。现在小组内的小矛盾小纠纷可以内部解决，邻里关系越来越和谐；谁家有困难，小组内会互相帮助；谁家有做得不对的，小组长会督促做好等。村民之间形成了一种新型的互助合作关系，这种合作关系不是传统熟人社会人际关系的简单回归，而是在村民突破了身份壁垒基础上形成的合作。

值得一提的是，正是由于村民之间的关系越来越建立在契约合作的基础之上，家族势力对乡村治理干预的现象已经基本消除，村民不再在意村干部是不是家族势力大、亲戚多，而是在意村干部自身的能力素质、人品与作风，村民更多的不是凭感情而是用理性来支配自己的行为。这一切表明，十八洞村具备了现代社会的特征。

三、婚姻家庭

家庭是最基本的社会单元，婚姻则是家庭存在的基础。在传统乡村社会向现代乡村社会转型的过程中，乡村家庭结构由过去亲子关系的"家庭等级制度"转变为夫妻关系的独立、平等婚姻契约，家庭轴心关系由传统农业社会的主干家庭转变为工业社会的核心家庭，乡村传统家庭伦理被彻底颠覆。①这一变迁态势在近年来十八洞村的家庭结构转型中得到了充分体现。

1. 家庭结构

恩格斯认为，"家庭，即以生产为目的的社会结合的最简单的和最初的形式"②。在恩格斯看来，一定时期的家庭的产生、发展和消亡都应该与这一历史时期的现实状况相适应。费孝通在《江村经济》一书中指出，在传统的中国社会，家庭不仅"是指一个包括父母及未成年子女的生育单位""包括的子女有时甚至是成年或已婚的子女""有时，它还包括一些远房的父系亲属"③。所以，他指出，中国人所说的家，基本上是一个家庭，是一个扩大了的家庭。

传统乡村社会，家庭既是生产单位也是生活单位，不仅具有繁

---

① 陈文胜：《城镇化进程中乡村社会结构的变迁》，《湖南师范大学社会科学学报》2020 年第 2 期。
② 《马克思恩格斯选集》（第三卷），人民出版社 2012 年版，第 474 页。
③ 费孝通：《江村经济》，北京大学出版社 2012 年版，第 29 页。

衍后代的功能，也是经营家庭事业的单位，"中国的家是一个事业组织，家的大小是依着事业的大小而决定"①。家长控制着土地、房产等基本生存条件，为了维护和扩大再生产、繁衍后代，会制约着分家，因而会普遍出现三代、四代同堂等主干家庭结构。这种结构在新中国成立后有所改变，特别是进入集体化时代后，人民公社替代了家庭的生产、消费、赡养、教育等功能，家庭生活受到冲击，家庭关系不断淡化，大家庭不断消减，家庭户数出现上升。

改革开放以后，随着家庭联产承包责任制的实施，家长对土地这一农村核心资产的支配权力受到限制，因而对子女的支配力降低，子女对父母的依赖程度也降低，成年子女对分户的要求增强，从而使传统以主干家庭为主体的家庭类型快速演变为以核心家庭为主体的家庭类型。再加上计划生育的实行，农村的家庭规模不断缩小。而随着城镇化快速推进、农村社会保障体系不断健全、市场经济发展中个体意识不断增强，农村家庭进一步出现分化。与这一系列演变相对应，家庭成员之间的主从关系、权力结构与家庭功能也发生了重大变化。

从2016年对十八洞村的户籍统计来看，十八洞村有6个村民小组，230户，939人，平均每户4人，具有典型的核心家庭的成员数量特征。从十八洞村家庭代数结构来看（详见表5—4），四代户仅3户，占所有户数的1.3%；三代户为81户，占所有户数的35.2%，二代及以下户为146户，占所有户数的63.5%。在二代及以下户中，单人户为21户，双人户为19户，分别占所有户数的9.1%、8.3%。而根

---

① 费孝通：《乡土中国》，生活·读书·新知三联书店2013年版，第48页。

据相关统计，2015年中国农村家庭代数结构中，二代及以下户的占比为75.6%，三代户为23.2%。十八洞村的情况与之相比较有一定的区别，三代户的占比比全国农村家庭高出12个百分点。从十八洞村家庭内成员结构来看，三代户中，一种情况是不少户主的父亲或者母亲已经去世，留下一位老人需要照顾，这种情况一般不会分户分家；另一种情况是户主的子女常年在外务工，孙辈需要老人看管，这种情况也一般不会分户分家。这两种情况在十八洞村出现得较多，也因此导致三代户的占比较高。显然，这与传统社会中三代同堂的目的不同，传统社会农村家庭一般是长辈执掌权力，为了家庭的生存发展而不分家；而十八洞村的家庭一般是年富力强的一辈作为户主，三代同堂是为了照顾老人或者小孩，是家庭内部养育分工的需要。同时，十八洞村的家庭是一种多元化的结构，出现了不少单人户、双人户，这与城镇化进程中农村的空巢家庭、单亲家庭增多的趋势是一致的。

表5-4 十八洞村家庭代数结构

单位：户

	四代户	三代户	二代及以下户	单人户	双人户
1组	1	17	38	6	6
2组	1	14	26	1	3
3组	0	8	19	4	3
4组	1	21	20	3	0
5组	0	12	24	4	5
6组	0	9	19	3	2
合计	3	81	146	21	19

传统乡村社会的家"是个绵续性的事业社群，它的主轴是在父子之间，在婆媳之间，是纵的，不是横的。夫妇成了配轴"①。正因如此，父为子纲、夫为妻纲等伦理道德是中国传统社会家庭成员关系的规则，这一规则影响深远，甚至延续到了新中国成立后很长一段时间。据十八洞村的村民介绍，在他们的父辈一代，父母说什么就是什么，不听父母话的就是逆子，是受人唾弃的。如一位村民的父亲已经在县城工作了，但爷爷要求父亲回来种地，父亲没办法，只能辞了工作回家种地。

而从今天的十八洞村来看，这种传统伦理的影响已经不复存在。在现代社会的核心家庭中，家庭关系变得简单，家庭成员地位趋于平等，传统的父权至上、"男主外女主内"的分工模式，被平等的以家庭需要为依据的分工模式所取代。村民们已经意识到，"一家人不说男要当家、女要当家，重要的是要互相信任，谁对就跟着谁干"。父母与子女的关系也不再依靠父母的权力来维系，现代社会赋予了个人自由权利，法律规定了父母对子女有养育监护的责任，子女对父母有赡养的责任，但并没有赋予父母干涉成年子女生活的权力。随着十八洞村经济的发展、公共服务的改善，成年子女与父母之间的依赖不断减弱，家庭个体的自由选择权增强，长辈的权威主要依靠尊老爱幼的伦理道德来维持。十八洞村年轻一代走向了多元化的奋斗道路，与父母尊重和支持子女的选择有着密切的关系。前面提到的3位大学生放弃城市工作回乡创业，面临的风险与困难比在城市就业更大，但都得到了父母的理解与支持。这既表

---

① 费孝通：《乡土中国》，生活·读书·新知三联书店2013年版，第49页。

现出农村家庭对个体约束的减弱，也表明感情成为维系家庭关系的主要纽带，而不再是家长权威。

2. 婚姻关系

婚姻是乡村家庭的大事。在传统的乡村社会，生育是婚姻的主要功能，"在农村中，结成婚姻的主要目的，是为了保证传宗接代"[1]。婚姻双方的关系也与生育紧密相关，"妇女在生育了孩子之后，她的社会地位才得到完全的确认"[2]。由于婚姻关系中后代繁衍及继承问题，父母对子女的婚姻极为重视，依靠家长权威包办婚姻是理所当然的事，形成了"儿女的婚姻大事完全由父母安排并且服从父母的安排"[3]的现象。新中国成立后，上述被视为封建糟粕的婚姻观念与行为得到了极大改变，国家通过法律对婚姻进行干涉，乡村社会中父母包办婚姻的现象越来越少，"童养媳"陋俗得到杜绝。随着城镇化水平的不断提高与乡村经济社会的发展，乡村婚姻关系不断发生新的变化。

十八洞村是苗族村，在婚姻的习俗上与一般的乡村有一定的区别，虽然在国家现代化的进程中逐步消除了封建的婚姻观念，但由于长期贫困，村庄婚姻关系的变化并未跟上现代社会结构变迁的进程。脱贫攻坚的推进促使十八洞村快速融入开放发展的大潮流，带动婚姻关系发生了重大变化。

---

① 费孝通：《江村经济》，北京大学出版社 2012 年版，第 31 页。
② 费孝通：《江村经济》，北京大学出版社 2012 年版，第 31 页。
③ 费孝通：《江村经济》，北京大学出版社 2012 年版，第 39 页。

同姓不结婚。苗族在历史上并没有同姓不结婚的规则，但近亲家族是不能通婚的。在国家也倡导近亲不通婚后，湘西地区苗族的近亲家族不通婚的禁忌逐步演变为同姓不结婚的传统。随着大量苗族青年外出务工，在接受了城市现代婚姻观念后，大多数人已经认识到婚姻与姓氏无关，在湘西的其他苗族地区，同姓不结婚的观念已经弱化，但十八洞村还是遵守了这个传统，同姓结婚会受到谴责。实质上，十八洞村的姓氏集中在隆、龙、施、杨四大姓上，按照族内的人不通婚的传统规则，只与异族、周边或更远地方的人通婚，出现同姓通婚的概率并不高，这也是十八洞村能较好地遵守这个传统的重要原因。

联姻距离扩大。联姻距离是指配偶的地域范围。在传统的封闭山区乡村，通婚一般是在本村、周边村发生。从十八洞村户籍统计来看，20世纪60年代及以前出生的中老年人，其配偶基本集中在隆、龙、施、杨、石等姓氏上，表明上一辈的通婚大都在本地进行。在城镇化进程中，农村劳动力外出增多，不少年轻人在外出务工过程中通过自由恋爱找到了配偶，跨区域通婚的现象越来越多。十八洞村20世纪80年代左右及以后出生的年轻人的配偶中，本省的出现了王、谢、彭、罗、周、黄等多种姓氏，嫁入本村的媳妇的地域由本地拓展到了邵阳、益阳等市及湖北、安徽、广东等省，也有更多的本村女孩远嫁到了外地。这说明劳动力的跨区域流动带动了十八洞村联姻距离的明显扩大，这也为十八洞村的开放起到了一定的促进作用。

大龄未婚男性村民越来越少。最值得一提的是，过去的十八洞村由于贫穷落后，愿意嫁入村中的女孩并不多。习近平总书记到十八洞村考察时，村民们告诉了总书记苗寨"光棍"多的情况，引起了总书记的关心。2016年全国两会期间，习近平总书记还询问到十八洞村大龄男青年娶媳妇的问题。在精准扶贫刚启动时，据扶贫工作队统计发现，当时40岁以上未娶到媳妇的村民有38位。按当时扶贫工作队队长的说法，十八洞村有3个1/3：农村空房率1/3，土地荒芜了1/3，"光棍"占了男劳动力的1/3。现在，这一现象得到了根本性改变。随着十八洞村成为精准扶贫的"明星村"，村庄的经济发展水平不断提高，外地的女孩也愿意嫁进来了，十八洞村已经有30位大龄村民成功"脱单"。关于这些人的"脱单"，有村民认为，脱贫并不是主要的因素，关键是这些人积极向上的态度显现出来了，让女方觉得有奔头、有信心了。从婚姻年龄来看，40岁以上的农村大龄劳动力找老婆的难度明显大于年轻人，但在短短几年时间里，2/3的40岁以上的村民找到了老婆，这显然是十八洞村婚姻变迁中最重要的一个变化。

婚礼消费水平提高。湘西传统苗寨婚姻的礼俗较多，但简朴实在。在计划经济时代与改革开放之初，乡村较为封闭，男女大都通过赶集、节庆等活动以苗族特有的对歌形式相识相爱，男方送给女方的彩礼与女方的嫁妆以实物为主。虽然彩礼与嫁妆也会体现出双方的家境情况，但受当时消费水平与消费观念的影响，一般以吃、住、生产的实用型实物为主。过去的十八洞村也是如此。随着苗族村寨经济条件的改善，越来越多的农民富了起来，消费观念也发生了重要变化，农村女孩对男方的家庭经济条件越来越看重，彩礼也是水涨船高，不再是实物，而是以礼金为主，这也正是过去十八洞村大龄男青年多的重要原因。现在，十八洞村村民的家庭条件有了显著改善，据介绍，家庭条件好的拿出的彩礼达到十几万甚至二十万元，家庭条件相对差一点的也会拿出几万元。尽管这种婚礼消费带有一定的攀比心理，并非一种科学的婚姻观念，但却实实在在地反映出人们消费观念与消费行为的变化。

婚姻的生育功能弱化。婚姻在传统乡村社会是事关传宗接代的重要问题，女方能生育、多生育是体现女方地位的重要标准。在过去的十八洞村，"儿孙满堂"的观念根深蒂固。即使在严格的计划生育政策下，村民们仍然想尽办法多生，计划生育工作也曾一度成为十八洞村最难做的工作。但随着外出务工村民受到城市生育观念的影响以及经济条件、社会保障水平的提高，村民的思想观念发生了转变，超生的现象越来越少，一般认为生两个孩子就足够了，也不乏只生一个孩子的家庭。与之相对应的是，生育不再是婚姻最主要的功能，村民们追求幸福的家庭生活，不再受"儿孙满堂"旧观念的困扰。据村民介绍，越来越多的年轻人推迟结婚，一方面是希望能找到自己心目中的理想对象，另一方面是不愿过早受生儿育女的拖累。显然，今天十八洞村的村民在处理婚姻问题上，更加具有主动性、自主性，更加注重追求个体的满意度、幸福感。

3. 子女教育

在传统的乡村社会，农民对子女进行教育的目的是让其能参加劳动，因此"孩子们从自己的家庭中受到教育"①。尽管也有学校教育，但"家长是文盲，不认真看待学校教育"②。由于传统农村家庭流动性小，家庭教育由父母双方协作开展，费孝通将其称为"双系抚育"。新中国成立后，农村教育事业受到国家的高度重视，农村学校体系逐步建立并不断完善，在国家教育大政方针的指引下，农民对子女的教育不再以家庭教育为主，而是将子女送到学校接受系统的思想文化素质教育，家庭教育成为辅助性教育。由于急需人才，国家实行高等学校的毕业生由政府分配工作的制度，在此期间，教育成为农民子女跳出"农门"的一条重要渠道，也因此受到农村家庭的重视。随着20世纪90年代中后期国家取消毕业分配制度，加上农村劳动力流动全面放开，低素质的农村劳动力仍然可以找到工作且不乏通过经商等途径致富的农村青年，"教育无用论"曾一度在农村蔓延。近年来，随着农村经济社会发展与农民收入水平的提高，农民对子女教育的观念由传统的主要考虑投资效益，转向了主要体现家庭责任，进入教育理念与行为向现代转型的重要阶段。

十八洞村过去不仅十分贫穷，而且人口文化素质总体较低。据统计，2014年全村989位村民中，具有高中及以上学历的99人，约占10%；其中大专及以上学历的31人，约占3.1%。而从湖南全省来看，2013年乡村6岁以上人口中，高中及以上学历的占比为16.2%，其中大专及以上学历的占比为2.8%。比较来看，十八洞村的高中及

---

① 费孝通：《江村经济》，北京大学出版社2012年版，第37页。
② 费孝通：《江村经济》，北京大学出版社2012年版，第38页。

以上学历人口（剔除6岁以下儿童后的数据仍不到10.4%）占比显著低于全省乡村平均水平，而大专及以上学历的占比则略高于全省乡村平均水平。从中可以看出，十八洞村村民对子女教育的特征表现为：多数小孩在读完初中后便不再读书，受教育程度止步于高中，但如果子女成绩优秀，父母则会倾力支持其上完大学。

实际上，过去十八洞村村民对子女的教育观念不能用"不重视"来概括，而更多是由于受到村庄条件、家庭条件的限制，难以真正重视起来。一是贫困家庭送不起。大量贫困家庭为维持生计，难以承担对子女的教育支出，希望小孩尽快长大成人为家庭作贡献。尽管自2006年开始国家逐步取消了义务教育学杂费，但高中、大学仍然是要收费的，如果子女读书成绩不是特别优秀，贫困家庭只送子女读完义务教育就不会再支持其继续求学。

二是教育监护能力不足。随着村庄越来越多的农村劳动力外出务工，留守儿童也在不断增多，"双系抚育"情况减少，不少家庭抚育子女的重任落到了爷爷、奶奶或者亲戚身上。这使得子女教育情况大打折扣，子女情感生活的缺陷、上辈精力的不足、亲戚难以尽心，这都给孩子的教育带来负面影响，大量孩子难以做到成绩优秀，不得不早早辍学。

三是村庄教育条件差。过去十八洞村的教育设施十分陈旧，据一位退休教师介绍，在2000年以前，村内的小学是村民出力、出木材建起来的，四面透风，孩子上学难，甚至连书包都没有；2000年后政府虽然拨款建了一栋砖房，但课桌椅仍然是板凳，小学实行隔年招生，仅开设二年级和学前班，只有一名教师，师资力量薄弱，条件仍然十分艰苦。学生读完二年级后，再到隔壁村读三四年级，然后再到更远的乡小学读五六年级。由于山区交通不便，学生就读极不方便。在这样的条件下，学生的教育质量缺乏保障，家长对子女能学出什么效果并不抱希望。

如今，十八洞村的子女教育无论对教育的重视程度还是教育条件都发生了巨大变化。在精准扶贫中，政府及相关部门先后投入100多万元用于改善学校的办学条件，学校的基本教学设施和食堂、厕所、运动场地等附属设施焕然一新。针对竹子小学隔年招生、复式教学等问题，在不撤并原有教学点基础上，建立健全的教师交流和支教机制，实行村小分级分班教学，尽量满足学生受教育的需要。

教育扶贫政策全面覆盖。在十八洞村落实国家九年义务教育免学费、教科书费和中职教育免学费政策，对建档立卡贫困家庭及低保户子女给予每年1500～3000元的生活补助，对考取本科、专科的大学新生给予3000～5000元一次性资助，全村适龄建档立卡户学生全部享受了教育扶贫的各项政策。

村民对子女教育的重视程度大大提高。随着村民收入水平的提高，村民对子女的教育越来越重视。他们认识到，文化素质对于子女未来的职业选择、个人幸福都十分重要，这既是在城市务工的村民得出的经验教训，也是村民参与村庄快速发展过程得到的体会。而村民收入水平的提高与社会保障条件的改善，使村民具有了更强的家庭责任感。他们认为，如果不让子女多读书，将来会受到子女的责怪，自己会很愧疚。正是在这种情况下，有条件的家庭不再将小孩放在村小学读书，而是将孩子带到城市就读，或放到教学条件更好的小城镇就读，目的就是希望尽己所能让子女接受更高质量的教育。这无疑体现出十八洞村村民在脱贫致富中对子女教育理念的重大转变。

四、社会生活

生活水平是衡量社会生产力发展的重要标准。中国在实现计划经济向市场经济转变过程中，通过改革开放解放和发展了生产力，推动乡村社会生活水平与生活方式发生了翻天覆地的变化。过去的十八洞村属于乡村发展不平衡中发展最不充分的那类村庄，近年来通过精准扶贫走上了快速发展之路，人们的生活水平、消费观念、生存环境均发生了重大变化。

1. 吃：从吃饱到吃好

民以食为天。中国是世界超级人口大国，人多地少，在解决吃的问题上走过了一段比较长的道路，直到20世纪80年代中后期，才基本解决了温饱问题。中国区域、城乡发展不平衡，在基本温饱的背后，还有大量的农村人口难以维持基本生存需要，国家于1986年开始了大规模、有组织、有计划的扶贫开发行动，进而于1994年又实施"八七扶贫攻坚计划"，加大扶贫力度。进入21世纪以来，中国贫困人口大幅度下降，但仍然还有部分条件恶劣地区生存条件艰苦，不少贫困人口吃不上有营养的食物。十八洞村就是这样一个农村地区。

据老一辈回忆，过去的十八洞村经常吃了上顿没下顿，当地流传着一段顺口溜："三沟两岔山旮旯，红薯洋芋苞谷粑。要想吃顿大米饭，除非生病有娃娃。"意思就是平时没有大米吃，只能吃红薯、洋芋、苞谷粑，家里有病人了，妇女生孩子了，才能被特殊照顾吃上大米饭。有条件的家庭会有一点儿酒，但那是用来招待客人的，一般也只有大户人家才有酒。尽管在精准扶贫之前，村民吃饱饭已经没有问题，但有限的土地仅用于种粮食，很少有果树，养的猪、鸡、鸭等家畜家禽是家庭的重要经济来源，根本舍不得吃，所以很多家庭的食物比较单一。据介绍，习近平总书记在考察十八洞村时，到一位大娘家打开碗柜一看，发现菜只有酸汤和辣椒酱，总书记问："湘西是吃这个菜吗？"大娘跟村主任说："这个菜是前几天一直在吃的。"这一幕让在场的人都感到心情沉重，但这就是当时十八洞村的真实情况。

现在的十八洞村，村民的家庭条件好起来了，村民的食物也日渐丰富。日常食品由过去的自产自足，变成以购买为主，逛逛超市、菜市场是村民们日常生活的一部分。大米吃得越来越少，餐桌上的果菜肉蛋奶等越来越多，一到冬天，家家户户门口都挂着成堆的腊肉。年轻的村民更加懂得消费，樱桃、蓝莓、海鲜等一些以前苗寨村民见都没见过的食品，经常出现在年轻人的菜篮中。过去，红薯、玉米是小孩的全部零食，现在追求营养、健康、美味，所有中小学生都配有免费营养午餐。不少村民在房前屋后种上绿色蔬菜，喂上几只鸡鸭，与过去只为了卖钱不同，现在是先满足自家人需要。原生态的苗家菜不仅出现在自家的餐桌上，也为游客们提供了美食体验。村民们已经不再营养不足，吃得舒心、活得开心成为老年人长寿的秘诀。70多岁的奶奶还在农家乐忙活儿，手脚很麻利。80多岁的爷爷闲不住，还在自家的农家乐炒菜招待客人。十八洞村村民家庭餐桌的变化终于赶上了国家的发展步伐。

2. 穿：从自制到购买

服装作为"衣食住行"之首，在人们的心目中占据了重要地位。在人类历史长河中，服装的功能由最初的遮羞避寒，发展到美化身体、装点生活，并成为发展与传承文化的重要载体。改革开放前，物质较为匮乏，人们的衣着无论款式、面料还是颜色都比较单调。农民的收入水平低，遮体御寒的需求大于对美的讲究，为节约支出，很多家庭会选择自制衣服、鞋袜。改革开放以来，随着物质条件的改善、市场的繁荣、思想的解放，服装的样式多了起来，人们开始追求时髦。农民在经济条件改善后也开始追求美的享受，关注服装时尚，追赶流行趋势，自制服装已经成为过去，购买成衣与追求时尚成为城乡居民共同的选择。显然，人们的穿着与经济社会发展息息相关，穿着变化可以反映农民的生活变化，可以从中窥见农村的发展变化。

苗族有自己独特的服饰文化，湘西苗族男子的服饰为头缠布帕，上身穿对襟衣，下身裤筒短而大，脚上包青色裹脚。苗族妇女服饰较为复杂，头缠布帕，衣服为无衣领满襟衣，袖大而短，裤短而大，腰系围裙，胸前、袖口、裙边、裤脚绣花，颜色炫目，喜佩戴银饰。据十八洞村老支书石顺莲介绍，以前的裤子、衣服、蚊帐、门帘都是自己做，花也是自己绣，有些布料也是通过养蚕、种棉麻自己织，称为土织布。随着社会的进步、农民对外交流的增多和农村市场的不断开放，大量廉价的服装进入农村市场，十八洞村村民的服饰穿着逐渐改变，年轻人都穿上了流行服饰，年龄大一点的还是穿苗装较多，重大节庆活动则无论男女老少都会穿上苗装。因为农村市场上销售的服装样式多且便宜，工厂化生产的苗族服装也逐渐可以在市场上买到，土织布、自制衣慢慢消失了。过去由于贫穷，村民在服装上舍不得花钱，尤其是老一辈，一身苗服穿上几十年也舍不得换，至于潮流衣服、皮鞋等，只有在外务工的年轻人身上才可以看到。

现在，随着经济条件的改善，村民们在服装上开始加大投入，他们的穿着打扮与城里人并无两样。在接待游客时，村民们会穿上有特色的苗服；在休闲时，村民们会穿着流行的服饰。用村民自己的话来说，就是"女人穿得漂亮一点了，男人穿得好一点了，精气神也有了"。随着十八洞村旅游的兴起，手工制作的苗族服饰因针脚细密、制作考究，受到人们的追捧。十八洞村的妇女纷纷拾起传统的绣工，组建苗绣合作社，将苗绣手工艺品推向市场，使苗绣成为展示苗族文化、打造十八洞村产业品牌的重要载体。这不是对十八洞村传统自制服饰的简单回归，而是体现了人们在生活水平提高之后消费观念的转变，体现出对民族文化和美好生活的热爱与追求。

3. 住：从遮风避雨到洁净宜居

安居才能乐业，住有所居是千百年来每个中国人的追求。农村住房兼具生活和生产用途，更是农民安身立命之所。俗话说："金窝银窝不如自己的狗窝。"每位农民都重视自己的住房，愿意把大部分心血和钱财都用在住房建设上。中国幅员辽阔，在长期的历史文化积淀中，不同地区形成了不同的建房风格与房屋特色，但农民的住房情结都差不多。因此，农村的富裕程度通过住房就可以看出个大概来。由于农村集体所有的宅基地制度既对农民建房提供了地的保障，也根据家庭人口的多少予以规范，一户家庭不可能像传统社会那样建造大规模建筑群，但有条件的农民家庭都会在自有的宅基地上对住房进行重建、改造，使自己住得舒适、住得安心，没有条件的农民家庭则往往"有得住"就心安了。

十八洞村是苗族村，住房多是木质结构。过去，有条件的人家会将房屋木板反复用桐油涂抹，使木板在风吹日晒后乌黑发亮。没条件的人家，屋子较为简陋，一般在搭好主体，盖好瓦后，旁边用柴、竹子或稻草一围，就住进去了。然后再慢慢装修，花上几年甚至十几年把房子装修完。装修时也有先后，一般人家里都是三间房，如果孩子小，孩子的房就不急着装修，搭个床能睡就行，等孩子长大要成家了，再把房子装修一下，给孩子结婚用。

精准扶贫开始前，十八洞村还有很多三面透风、上头漏雨的危房，危房外墙用土封住，但柱子、梁都断了。由于普遍贫穷，大部分人家的房里还是泥地，厨房、厕所也都不讲究，能源以烧柴为主，家里被熏得黑黑的。有一位村民在2012年带女朋友回家过年。到家后，他女朋友发现，下雨时穿个高跟鞋在家里都没办法站，因为家里的地上全都是泥巴；厕所是旱厕，就是挖了个坑，上面盖两块板。看到这种情况，女孩子不愿意留下来了。"住有所居、住有所安"在过去的十八洞村是一个难以实现的梦想。

　　精准扶贫开始后，十八洞村在各方面的支持下，开始对村民住房进行较大规模的改造。按照"统一规划、保持原貌、节俭实用、协调美观"的原则，为保持苗寨住房的传统风格，改造从危房开始，重点对房屋内部进行改造，外装尽可能维持原貌。至2016年，完成了全村106户危房改造，并同步推进了竹板墙特色改造、改厨、改厕、改圈、改池、改浴等工作。此后，又将改造推进到其他有需要的家庭，对破损不大的房屋进行特色改造。现在的十八洞村民居整洁美观，房前屋后都铺上了青石板，苗寨原有的景观风貌、民族村落的特色形态得到充分体现，村内处处都是风景，越来越多的人家装潢考究，铺上了木板地、瓷砖地，设施齐全，宽敞明亮，家家户户使用清洁厨房和卫生厕所，用上了液化气，自来水、无线网家家入户，那位走了的女朋友又回来了，还安心办起了农家乐。十八洞村村民实现了由"有得住"向"住得好"的转变，由"忧居"向"优居"的跨越。

4. 行：从体力到便捷

交通关乎发展与民生。在计划经济时代，国家财力难以支撑大规模的基础设施建设，农村公共基础设施依赖农民自主投工投劳修建。由于缺乏资金，乡村道路一般为简易路，国、省、县道寥寥可数。多数乡村交通不便，农民出行缺乏交通工具，主要靠步行。改革开放后，随着政府财政实力的不断增强，国家开始着手推进县乡道路建设。真正开展大规模的乡村道路建设是在21世纪以后。2004年，国家开始试点实施"村村通"工程，2006年推进社会主义新农村建设。在此后的十几年里，国家不断加大对农村公共基础设施建设的投资力度，保障几乎所有的农村都通上了水泥公路，从村村通到组组通、户户通，农村的交通条件发生了翻天覆地的变化。农村道路与全国立体化的交通体系相连接，加上现代化的交通工具日益丰富，农民出行的效率大大提高，农村步入全面开放的新时代。

十八洞村位于山区，在很长一段时期里，交通出行滞后于一般农村，村民出行主要依靠步行，物资进出都是依靠肩挑手扛，进村的路是泥巴路，车子也进不去。因为穷，很多人家舍不得买手电筒，夜晚外出时就打着火把。尽管2008年通村的主干道已经硬化，2011年湖南省民委扶贫工作组进入村庄后，又整合资金对其中一条通往自然村寨的道路进行了硬化，但村庄连接国道的路还是沙土路。加上村庄地域广、村民居住分散，多数村民家庭出行仍然十分不便。少数家庭条件好一点的买了摩托车作为代步工具，多数村民家庭没有现代化的交通工具，出行仍然靠步行，只有要出远门时才会考虑坐客运班车。

"要想富，先修路"，这是从实践中总结出来的口号。为改变十八洞村落后的面貌，在多方支持下，交通部门于2014年将319国道到十八洞村的4.2公里长、3.5米宽的沙土路改造成了6米宽的沥青路。公路改造完成后，来村的游客量剧增。在此后的几年里，十八洞村的通组路、产业路、旅游路、环形路、生态停车场等相继建成。今天十八洞村的交通条件发生了巨大变化，"出门水泥路、抬脚公交车"成为现实，路边装起了明亮的路灯，靠火把出行成为历史。随着村民收入水平的提高，小汽车这样的现代化交通工具进入了村民家庭。游客进村有旅游车，村民出行有公交车、小汽车，十八洞村彻底告别了"晴天一身灰，雨天一身泥"的日子。交通的便捷也拉近了村民与外界交往的距离，为十八洞村带来了无限商机，村民们充分利用畅达便利的交通条件发展乡村旅游，走在了致富的康庄大道上。

5. 娱：从单一到多元

娱乐是人们在闲暇之余的一种休闲方式，不同的时代有不同的娱乐方式。在计划经济时代及改革开放之初，农民闲暇时间少，家庭娱乐极少，聊天是主要的日常休闲方式，露天电影、广播是人们了解外部世界的主要渠道，但群众性娱乐活动比较丰富，庙会、舞龙、舞狮、划船、玩灯、唱戏、武术、摔跤等活动在不同的地方时有开展。随着市场经济的发展和农民生活条件的改善，电视进入农村，推动了农民家庭娱乐的变革。特别是20世纪90年代中后期，电视成为农民家庭的主要娱乐工具，辅助性的娱乐有打牌、打麻将。伴随着农村劳动力的大规模流动，传统的群众娱乐活动逐步消失。进入21世纪以来，由于国家重视农村公共文化建设、城乡文化交流加快及农村物质生活水平提高，农村娱乐活动出现了新的变化，电脑、手机逐渐成为娱乐的重要工具，城市现代舞进入乡村，歌厅、舞厅进入集镇，有组织的农村文艺活动出现复苏，更多的农民开始走出家门，通过旅游的方式休闲，农民娱乐进入多元化时代。

　　十八洞村作为苗族村，在改革开放以前，村民的娱乐方式单一，唱苗歌、打苗鼓、听男女对山歌就是日常的娱乐方式。群众性娱乐活动最隆重的要数赶秋节活动，赶秋节一般在秋收前或立秋前举行。在这个庆祝丰收即将到来的重大节日活动上，村民们穿上苗族盛装，唱苗歌、打苗鼓、荡秋千，观看武术、舞狮子、耍龙灯、演戏、上刀梯等表演，青年们则忙着物色对象、谈情说爱。随着改革开放后城镇化的推进，越来越多的村民外出务工，赶秋节逐渐变得冷清，村民的日常休闲娱乐活动也转向了看电视。在电视机刚进入苗寨时，只有少数几个家庭买得起。到了晚上，每个有电视机的人家都挤满了人，大家会一直看到没有电视节目了才回家睡觉。后来，更多的家庭有了电视机，大家就在自家看电视，白天有空就串串门、拉拉家常。由于长期贫困，村民忙于生计。由于地里产出少，生产效率低，即使整天忙活也难以养家糊口。这也导致村民既没有更多的时间休闲，也缺乏娱乐的资本，娱乐方式单一。

　　精准扶贫不仅推动了十八洞村的经济发展，也带动了苗寨文化娱乐活动的多元化。从凝聚人心的目的出发，扶贫工作队发挥苗族百姓喜欢文体活动的天性，组织村民成立了十八洞艺术团，组织大家参加歌咏、跳舞比赛。同时，还组织开展篮球比赛，举办了文艺晚会等，以丰富村民的文体生活。今天的十八洞村，村民的家庭收入水平提高了，闲暇时间多了，在娱乐上的投入也增多了，赶秋节又开始热闹起来。同时，智能手机、无线网络进入每个家庭，大家除了看电视，也会用手机刷刷抖音、看看视频、打打游戏、聊聊天。村民们也开始走出家门集体唱唱歌、跳跳舞，走出大山进城享受城市休闲生活，出县出省去看看外面的精彩世界。在丰富多彩的休闲娱乐中，村民们的生活质量不断提高。

6.礼：从食品到礼金

在中国社会的人情交往中，"礼"是最重要的纽带，"礼尚往来"是最基本的法则。翟学伟将中国的人情交换分为三种类型：一是紧急关头得到他人帮助的"恩情"；第二种是有目的的人情投资叫"送人情"；第三种是一般性的礼尚往来，以加强彼此的感情联络。[1]无论哪种类型，都是难以进行"清算"的。"亲密社群的团结性就倚赖于各分子间都相互地拖欠着未了的人情""来来往往，维持着人和人之间的互助合作"[2]。中国社会古往今来都有送礼的习惯。红白喜事，亲戚朋友、乡里乡邻会送个礼；逢年过节，晚辈会给长辈送个礼；探亲访友，不好空手进门，也会带个礼。在中国从传统社会向现代社会转型的过程中，

---

① 翟学伟：《熟人社会阻碍现代化进程》，《人民论坛》2006 年第 10 期。
② 费孝通：《乡土中国》，生活·读书·新知三联书店 2013 年版，第 91 页。

礼的轻重、表现形式都在发生变化。

　　据村民介绍，十八洞村的先辈们为了逃避土匪迁到了山里，大家团结互助，在一个个家庭的慢慢扩大中形成了村寨，互助的传统就成为人情往来的感情基础。在十八洞村，人们表达感情的方式既简单又很有人情味，比如父母过生日，儿女会在父母家住一晚或几晚，给长辈做点儿事，通过陪伴与照顾来表达孝顺。但无论是何种交往与感情表达方式，礼是必不可少的。在过去的十八洞村，送礼以礼物为主，最普遍的礼物是糍粑、腊肉之类的食物。这种礼物既简单又实在，尽管家家户户都有，但大家还是这么送，它代表的是一种联络感情的礼节。村民的往来不是看礼的轻重，因为大家都过得不富裕，所以人际交往比较单纯。当然，也有不少外出务工的村民逢年过节回家了，会给亲戚、左邻右舍带一些外面的食品或用品。

　　今天，十八洞村依然保持着较为简单的送礼习惯，虽然随着人口的流动，村民之间的人际关系相对淡化，但礼数还是不会少。礼品依然比较简单，但不再是糍粑、腊肉之类，而是会在探亲访友时买点水果，看望长辈会买点补品或长辈需要的衣服之类的用品，给亲戚庆生、拜节、拜年时则直接送一个红包，这样更加直接而且实用，送礼的送得简单而不用操心，收礼的收得实在而不浪费。

第六章

苗寨环境

对于十八洞村这样一个传统苗族村落而言，从自然环境看，这里山高谷深，熔岩地貌形态明显，特别是十八叉大溶洞景观奇特，自然风景优美，森林覆盖率很高，素有"云雾苗寨"之称。从生存环境看，精准扶贫前，因山地广阔、居住分散，村内基础设施长期以来破败落后，可以说是一片凋敝的景象。推进精准扶贫以来，村寨环境发生了天翻地覆的变化，先后被评为"全国少数民族特色村寨""全国乡村旅游示范村""全国文明村"，成了全国闻名的"醉美乡村"。

一、村庄风貌

乡村承载着农耕文明，是中国各民族几千年以来积淀的宝贵文化遗产，蕴藏着丰富的历史文化信息，维系着人们心中浓浓的乡愁。对于一个具体的村庄而言，村庄的风貌是展示乡村特色的主要载体，是村庄自然、人文、历史等要素的外在反映，具有丰富的文化内涵。十八洞村作为贫困地区的村庄，一方面地处偏僻且与世隔离，另一方面是"望得见山、看得见水、记得住乡愁"的传统特色与生态环境保存相对完好的地区，村庄风貌保留着原生态的苗寨风貌。在推进精准扶贫过程中，如何在保持传统特色、保护生态环境的前提下改善生产生活条件，实现现代转型，是一个具有挑战性但又十分重要的课题。

1. 拆还是不拆？

环境是人类生产生活的空间及这个空间中可以直接或间接影响人类生产生活的各种自然因素和社会因素。对于一个村庄而言，独特的生产生活环境就是其特色资源，村庄可以利用这一特色资源发展相应的产业，促进村庄可持续发展。随着经济发展和科技进步，人们改造生产生活环境的能力在不断增强。同时，在工业化、城镇化和市场化的影响下，社会处于转型期，人们的思想价值观念在不断发生变化，改造生产生活环境的意愿也出现了一定程度的分化。

新农村建设政策实施以来，一些地方开展了以改善农村人居环境为主题的"拆旧村、建新村"运动，尤其是在经济较为发达的东部沿海地区，经济欠发达地区的部分乡村也在开展类似的运动。在拆旧建新的过程中，大部分地区改善了农村的人居环境，但是也有少数地区出现了农民"被上楼"的现象。因此，社会各界对于拆旧村、建新村存在认识上的分歧。

习近平总书记来到十八洞村时，强调"不能搞特殊化，但不能没有变化"。当时的十八洞村，不少房屋塌的塌、倒的倒，村寨一幅衰败景象。因此，改变贫穷落后的面貌是必然要求，但怎么变是关键。对于新旧的对比变化，最容易让外界感受到的便是村庄的风貌，包括建筑风格、住房新旧、设施设备、环境卫生等方面的变化。因此，到底是拆除原有的老村建设新村，还是总体保留原有的少数民族风貌，十八洞村进行了反复的探讨最终才形成共识。

如何帮助十八洞村摆脱贫困，大家积极性很高，尤其是花垣县的县直单位，争着要为十八洞村做实事——交通部门提出修路，水利部门提出修水机，农业农村部门规划建沼气……但具体怎么建，大家一开始并没有想清楚，在项目推进过程中没有完全做到统筹考虑、稳步推进，而是"一窝蜂"地往十八洞村铺排建设项目，导致十八洞村成为一个大工地。在全县各大职能部门努力为十八洞村村民做实事的同时，问题也随之而来：十八洞村的原生态和少数民族传统风貌在慢慢地退化或消失，村庄内部建筑垃圾成堆，水泥建材乱堆乱放，工程机械乱停乱摆，甚至一度影响村庄道路通畅，村民出行受到一定影响。

对于十八洞村的建设，社会各个方面都高度重视，到十八洞村指导工作的各路人马也给出了很多好的建议。由于每个人的价值体系、认知结构、审美能力等方面的差异，不同的人就有不同的方案。有人建议，把现在的房子全部拆掉，集中起来建设社会主义新农村。有人建议，给村民一个机会享受现代化的高楼大厦。当然也有不少村民要求，既然总书记都这么关心我们，为什么不给我们建城里那样的小洋楼呢？就连一些扶贫工作队队员和村干部都有破旧立新、重建一个新村庄的期盼。

面对各方建议，花垣县委、县政府始终牢记习近平总书记在十八洞村强调的"这个原汁原味的民族民居我们要保护好，怎么改造好，保护中的改造"的要求，坚持以这个为主基调来落实"不栽盆景、不搭风景"的变化。因此，中共花垣县委派出的驻村扶贫工作队提出了十八洞村建设的三大原则，即人与自然和谐共生、建设与原生态协调统一、建筑与民族特色完美结合，也就是修旧如旧，保持民族风格、民族特色不变，不搞大拆大建，不搞标新立异，不建高楼大厦，不建小洋楼。

为了让村民接受这一建设原则，扶贫工作队对村民反复宣讲这个道理，并包了4台旅游大巴车组织100多位村民到外地参观。其中有一个是离城郊很近的小洋楼苗寨村，村民走进后发现，这么好的房子没人住，门口都长草了；另一个是和十八洞村一样很有民族特色的偏远苗寨村，大家刚下车就看到两个旅游团队打着小红旗来旅游了，两个村子形成了鲜明的反差。考察完，村民回到村寨就开会讨论：离城郊这么近的村子却少有人气，而偏远的传统苗寨反而有人来旅游，是什么原因？城里人为什么要到偏远的苗寨来？原因就是为了感受不同的生活方式。因此，我们必须把传统村落的民族特色和生态环境保护好，也就是总书记说的是要"望得见山、看得见水、记得住乡愁"。经过这样反复讨论，村民逐渐达成了共识。

2. 传统风格还是现代风格？

改革开放以来，中国乡村的整体面貌和农民的生活水平得到了大幅度提高，农民开始在宅基地上建起一座座新房，乡村整体面貌大为改观。而在这样高歌猛进的建设背后，不少地方的乡村风貌正在被一排排功能现代化的"小洋楼"所取代，村庄特有的风貌逐渐消失。如过去浙江省、江苏省等发达地区将一些古老的村庄拆掉，建成了像城市一样的所谓"新农村"，村庄的房屋建筑和生活方式与城市基本上没有差别，但乡村的传统文化和村庄风貌则只能在商业化的陈列馆里和景区复制的建筑物上才能看到，之后又花费数亿元去复制一个个所谓的"古村落"，希望恢复村庄原来的风貌与独一无二的特色。[①]由此看来，乡村建设是走向现代化风格的"小洋楼"，还是保留传统风格的村庄景观，事关中国一个个具体村庄的前途与命运。

作为苗族聚居的传统村落，十八洞村的民居大多是盖瓦的木房子。按照苗族的文化习俗，房屋主体结构竣工后，前后左右用柴、

---

① 陈文胜：《论城镇化进程中的村庄发展》，《中国农村观察》2014 年第 3 期。

竹子甚至稻草一围就可住人。由于经济方面的原因人先住进去，装修则断断续续用八到十年才能够完成。装大门是最后一道程序，要等家里富裕以后才能装，而且装大门时要舅舅来踩门、放鞭炮。一般的村民家有三间房，先把自己住的这间装修一下，孩子还小的就在旁边放张床，等到小孩长大要成家或者要出嫁了，再装修房子以举行婚礼仪式。也就是说，只有家里有重大的活动了，房屋的装修才根据需要完成，这是由于贫困导致的一种自然的生活方式。

对于十八洞村而言，在精准扶贫的推动下，村民的收入不断增加，新建和改建住房的意愿不断增强。然而，住房的风格是继续沿用传统的民族风格，还是采用现代化建筑风格，不同的人有不同的看法。一方面，作为传承民族传统文化的主要载体，迫切需要保留村庄原有的景观，保护其文化传承的功能，因此有人认为保留民族传统的风格，有利于保护民族文化，也有利于留住乡愁。另一方面，住上现代化的"小洋楼"也是大家久已有之的愿望，有人认为传统的民族住房设施设备落后、功能不齐全，不能为了旅游发展的需要，强制要求十八洞村村民长期居住在功能落后的房子中，这不符合中国梦的要求，也极其不公平，因此要求按照现代化的风格进行建设和改造。

受强烈的现代化建设意愿驱使，十八洞村规划了两处新村安置点，原有的村落保存下来发展旅游，新村按照现代化建设理念和思路进行规划建设。然而，十八洞村申报了"中国传统村落"，如果大拆大建，真正建成现代化风格的村庄，全村的民族特色风格就没有了，传统村落的价值也就失去了。如何能够"留住乡愁"，习近平总书记的要求就成了十八洞村建设的总基调与落脚点。因此，花垣县按照"统一规划、保持原貌、节俭实用、协调美观"的原则，邀请湖南大学规划设计院编制了《花垣县十八洞村村庄规划》。

在"讲土气不讲洋气、讲小气不讲大气、讲人气不讲名气"的村庄规划的引领下，基于村寨民族传统建筑风格与建筑功能之间的关系，从景观设计、表现形式及材料工艺等方面突出具有乡土传统特色的文化地景；在建筑风貌改造设计中，对200多户家庭进行上门现状调研及勘测，把苗寨建筑文化和十八洞村实际情况相结合，以样板设计和设计导则为指引，将民族传统特色的民居保护与改厨、改厕、改圈、改池、改浴等适当植入现代元素的"五改"相统一，进行"一户一案"精准规划，对损坏较大的房屋在不破坏原有风貌的前提下进行加固改造，对损坏不大的房屋进行特色改造；原有水泥砖房用小青砖饰面处理，平屋面改造成小青瓦坡屋面，木房整修封檐板、翘角，房屋改造做到修旧如旧，以木板房、外编竹墙并盖青瓦为主，清一色的青石板路到户，实现以最少的投入、最小的改动、最简单的手段完成整体风貌改造，重构村庄环境空间。

3. 生活资料还是生产资料？

生产资料是人们在生产过程中所使用的劳动资料和劳动对象的总称，具体而言包括生产工具、土地、机器、设备等。生活资料是人们用于物质生活和精神生活方面的物质资料。在人的需求中，根据马斯洛需求层次理论，衣食住行是维持个体基本生存的刚性需求，而村庄的住宅、庭院不仅是村民最基本的生活资料，更是村民家庭最大的财产，对于大多数村民而言，几乎倾尽了毕生的积蓄甚至是几代人的积蓄。

在学者朱启臻看来，村庄住宅、庭院是村民用围墙或栅栏围起来的包括建筑、设施、空地以及具有特定生产生活内容的空间结构，是构成村落社会的基本单元，是农民祖祖辈辈生产、生活、娱乐和社会交往的空间，是乡村文化的重要载体，也正是村庄住宅、庭院使村民的生产与生活以微观形式得以生动体现，使民族传统文化存在于村庄住宅、庭院的建筑形态与生产生活方式中，使种植与养殖的循环、居民生产与生活的循环都在院落里完成，具有多重特殊价值。①

十八洞村村民的住宅、庭院主要包括住房及附属设施，住房由厨房、堂屋、卧室和厕所等4个组成部分，用于生活起居、会客交流、家庭聚会等，是苗寨社会交往的空间，也是村民生老病死、婚丧嫁娶、时令节日等诸多礼仪活动的重要场所。附属设施主要由家禽圈舍、仓库、菜园、作坊等组成房前屋后庭院，用于种植、养殖、存放农具、贮存农产品以及编织、纺织、食品制作、木工等家庭手工业，体现出大国小农所独具的种植业、养殖业、手工业"三业合一"的家户经济。②

随着十八洞村精准扶贫影响力的不断扩大，来十八洞村考察交流参观的外来人员不断增加，十八洞村村民逐渐捕捉到了其中的商机，开始着手提供餐饮、住宿等相应服务和产品。由于十八洞村地

---

① 朱启臻：《乡村农家院落的价值何在》，《中国乡村发现》2018 年第 5 期。
② 陈文胜：《农村改革有底线》，《半月谈（内部版）》2020 年第 8 期。

处山区，不仅土地很少抛荒，而且房前屋后的庭院还提供生产日常所需农产品的最基本生活保障，可用的建设用地极其有限，发展商业餐饮、住宿和购物的用地更是不足，只能在住宅、庭院办起了农家乐、民宿、手工作坊和特产商店。这样一来，十八洞诸如苗绣等民族传统工艺的商业化，催生了一批家庭工场、手工作坊的发展，与乡村旅游的合力共同推动了苗寨经济的多元化。

与城市的市民住宅、庭院功能有着根本区别的是，十八洞村村民的住宅、庭院既是生产资料又是生活资料。村民依托住宅、庭院发展农家乐、民宿、特色农副产品生产和销售，农村一、二、三产业融合发展在十八洞村许多单个农户家庭得以完整地呈现。比如，在十八洞村网红施林娇家中，通过改造原有的住房及附属设施，可以提供几间客房供外来游客住宿，住房对于施林娇家庭而言是一个重要的生产资料，经营民宿和农家乐是其家庭一项重要的收入来源。

因此，十八洞村要求村民房前屋后的庭院能够种树的地方就种树，能够种花种草的地方就种花种草，能够种菜的地方就种菜。全村村民充分参与进来，达到室内美、庭院美的美丽家园标准，以户为单元的整治目标就实现了，县政府授予"美丽农家"的牌子，使美丽乡村建设具备了内生条件。

二、公共设施

公共设施是区域经济与社会发展的基础，对于贫困地区而言，更是其实现脱贫攻坚的重要条件，它可以改变村民的生活环境，为乡村第二、三产业的发展提供物质条件。世界银行研究报告（2004）指出，在发展中国家中，对于道路、教育、健康服务、卫生饮用水、通讯等方面的公共服务改善，将会对农村脱贫以及区域和城乡的统筹发展产生积极作用。[1]十八洞村位于湘西州深山之中，山高路远，道路、电网、通信等基础设施建设难度大、成本高，长期以来，滞后的基础设施是阻碍十八洞村发展的瓶颈，全面改善公共设施建设就成为精准扶贫的"先手棋"。

1. 村庄道路

乡村公路是乡村地区公益性非常强的公共基础设施，属于典型的公共产品，是乡村生产生活和经济社会发展的基础。"要想富，先修路""公路通，百业兴"等耳熟能详的谚语已经成为乡村公路在乡村地区经济社会发展和广大乡村居民生活中重要作用的集中体现和重要经验启示。

十八洞村村域面积广，总面积14162亩，200多户居民居住在4个自然寨。4个自然寨原属于两个不同的行政村，属于飞虫村的两

---

① 世界银行：《2004世界发展报告：让服务惠及穷人》，中国财政经济出版社2004年版。

个自然寨与属于竹子村的两个自然寨之间有一段较长的距离；即使是属于同一个行政村的两个自然寨，两者之间也有一定的距离。受土地条件的限制，农户居住较为分散，加之地处高寒山区（平均海拔在700米左右），公路建设和维护的成本较高。

十八洞村所在的花垣县属于国家级贫困县，财政收支状况紧张。实施精准扶贫以前，《花垣县2013年国民经济和社会发展统计公报》显示，2013年花垣县财政收入6.92亿元，财政支出却高达16.22亿元。地方公共财政紧张，可用于配套基础设施建设的资金非常有限，加上湘西州山区农村村集体经济基本处于空壳状态，修建乡村公路唯一的资金来源就是依靠上级转移支付的项目资金，这样一系列因素制约了十八洞村公路建设的进度。

除了经济上的制约因素以外，部分村民思想守旧也是阻碍村庄道路建设的一大因素。新农村建设以来，十八洞村周边村都自行修通了道路，唯独十八洞村的道路一直没通。当时的村支两委也决定修一条5米宽的公路。但一部分村民听到要修路就有畏难情绪，因为十八洞村要修路就要从半山腰上挖，有的地方很陡，很容易塌方，非常危险；还有的地方石头很硬，没有特殊工具根本动不了。别说是修一条5米宽的路，就是修一条能走人的路都很困难。因此有村民说："挖这个路干什么，以前规划了好久都没修成，你们修不成的！"还有人说："以前我们祖祖辈辈都能走的小路，到你们这一辈就不能走了？"村干部挨家挨户多次走访，可还是有个别人就是不参加修路。村干部没办法，只能放话："不参加修路也要修，修路是为大家好。你硬不参加修路的话也可以，我们请人来修，到时候你家出钱。"后来十八洞村制定村规民约，其中规定村民必须支持修路等公共事业。那些不肯修路的人怕要出钱，最后就只能同意一起修路。一起修路，任务怎么分配是一个大问题。根据当时大家的提议，按每家每户田土多少来分，家里田土多的，挖路任务就多一点，由村委会先把任务分配到组，再由组分配到户。这样分配下来，路才得以修通。

据十八洞村原村主任施进兰介绍，2000年以前，十八洞村没有大路，进村的是一条沿峡谷谷底的羊肠小路。小路周围都是杂草，有的地方很窄，两人在路上相向而行都要侧身，遇到涨水，小路就被淹了。那时候十八洞村村民有"三怕"：

第一怕是"养肥一头猪"。过去十八洞村特别穷，养的猪舍不得自己吃，基本都是拿出去卖。但由于十八洞村的山路特别难走，即使是肥猪便宜卖，买猪的人都不一定愿意来，所以村民只能将猪抬到集市上去卖。那养满了一年的猪，有两三百斤，两个人抬不动，4个人抬又因路窄通不过。所以，抬着几百斤的肥猪走十多里山路，非常辛苦，因此十八洞村村民第一怕"养肥一头猪"。

第二怕是"送孩子读书"。过去，距十八洞村最近的学校是并乡前的排碧乡排谷美小学，不仅路远，而且峡谷经常涨水，小孩子走路来回不安全，所以上下学都要人接送，一趟就要花去大半天。到了农忙季节，村民根本没时间接送，所以十八洞村村民第二怕"送孩子读书"。

第三怕是"家里人生病"。山路不通车，一旦有人生病，就需要人背着去医院。如果家里老人病了，那有儿子的就儿子背，没儿子的都不知道怎么办。这样的问题困扰着十八洞村人，所以他们第三怕"家里人生病"。

一条路让十八洞村村民吃了不少苦头，发生了很多令人难堪的往事。其中有一件是大家至今都不愿提起的伤心事。梨子寨曾经有一户人家，家里有两个聪明伶俐的儿子，一家上下和和睦睦，非常幸福。谁曾想，有一年全家误食毒菌。因为山高路远，山路崎岖，等到夫妻俩把两个孩子背到乡镇医院，却已贻误了最佳的抢救时机，两个孩子双双夭折。

2005年，党的十六届五中全会提出建设社会主义新农村的重大历史任务。2011年，启动了新一轮新农村建设攻坚战。在两次攻坚战过程中，十八洞村启动了村道、村部等基础设施建设。由于受地域广阔、农户居住分散以及部分农户思想保守阻止征地修路等因素影响，十八洞村始终没有形成完善的对外对内交通网络。对外道路方面，村民去最近的排碧乡集市，从梨子寨到集市没有通车，唯一的交通方式就是步行。路面坑坑洼洼，泥泞不平，村民步行到集市至少需要1.5个小时。十八洞村到319国道的路程为4.2公里，都是宽仅3.5米的砂土路，曲折颠簸。精准扶贫前，四、五组进组道路仅1米宽，农机、车辆通行不便；三组进组道路为泥沙路面，一下雨就泥泞难行。

精准扶贫以来，十八洞村的基础设施建设进入关键期。当时的通村路只有3.5米宽，山高路险。随着习近平总书记的到来，全国各地来十八洞村参观考察交流的人越来越多，堵车现象越来越严重，扶贫工作队和村支两委决定拓宽通村路，并同时规划发展乡村旅游。拓宽这条道路涉及53户人家的荒山、田土，工程一开工就遭到50多个群众的阻挠。主要原因是：十八洞村是由两个行政村合并的，当时群众的意见还没有统一，从飞虫寨到竹子寨有4.18公里，公路主要用地是飞虫寨的地盘，可是外来人员主要参观的地点是梨子寨，飞虫寨的群众觉得他们没有受益，再加上用地没有一分钱补偿，所以不愿意让出土地以拓宽道路，扶贫工作队和村干部多次做工作也无济于事。正在大家一筹莫展时，村民龙太金主动找上门来说："从我家的地先修起，公路占我家的地最多，我带个好头后，再去做其他党员的工作。先挖党员家的地是正确的，必须这样做群众才有定心丸。"果不其然，不到一个星期，所有被占地的党员纷纷表示支持。此后，群众也就不再反对，一条长4.18公里的通村路得以拓宽。

近年来，十八洞村民越来越积极地参与和配合村里的基础设施建设，相继对5公里的进村道路进行了扩宽改造，路面由原来的3.5米拓宽至5.5米，并全面完成了硬化；梨子寨后山1.5公里道路按照4.5米宽的标准加以硬化；二组至三组新建4.5米宽公路300米，并对二组1.7公里的道路进行硬化；兴修梨子寨至山泉水厂公路1.5公里，改道修建竹子寨至张刀公路，达到4.5米宽的水泥路标准；完成6公里的机耕道建设和118米游步道建设；完成村内公共通道、入户道路的青石板改造。此外，还完成了飞虫寨、当戎寨和竹子寨太阳能路灯的安装，方便村民和游客夜晚散步通行；完成了竹子寨、飞虫寨、当戎寨的停车场建设，为自驾游客人提供便利的停车条件。

十八洞村路通了，进村容易了，来十八洞村的人也就越来越多，参观学习的来了、采访的来了、旅游"打卡"的来了，许多在外的十八洞村人也回来了。

2. 电网改造

改造农村电网，改革农村电力管理体制，实现城乡电力同网同价，可以有效降低农村地区电价，减轻农民生产生活用电经济负担。过去，农村电网维护较差，大部分线路老化，线损比较大，部分地区损耗率高达40%，造成电力严重浪费。农村电网改造有利于促进开拓农村市场，繁荣农村经济。过去很多农村地区之所以没有大型项目，一个很重要的原因就是农村地区电力成本高、用电不方便。电网改造后，农村用电实惠又方便，有助于投资商开拓农村市场。此外，线路老化问题得到解决，用电更加安全，统一定价、智能收费，农民用电更加自由。

2015年，中国全面完成无电地区电力建设工程，解决了4000万无电人口的用电问题，在发展中国家率先实现了人人有电用。2019年底，新一轮农网改造升级工程提前达到预定目标，完成了160万口农村机井通电，涉及农田1.5亿亩；为3.3万个自然村通上动力电，惠及农村居民800万人；小城镇中心村用电质量全面提升，惠及农村居民1.6亿人。2020年上半年，中国提前完成了"三区三州"、抵边村寨农网改造升级攻坚三年行动计划，显著改善了深度贫困地区210多个国家级贫困县、1900多万群众的基本生产生活用电条件。2020年，农村平均停电时间从2015年的50多个小时降低到

15个小时左右。①

十八洞村的用电情况同样经历了这样一个改造历程。未进行农网改造前，所用的电都由花垣县原排碧乡电站所提供，供电设施老化陈旧，村民生产生活用电极不稳定，且存在安全隐患，停电是常有的事。很多村民不得不靠点蜡烛照明，部分村民甚至因此不慎将房子烧毁，造成了极大的损失。

为了解决用电问题，十八洞村持续推进农网改造，到2014年底，改造后的电网依托排碧水电站实行自供区管理，全村电力供应基本能满足村民的日常生活需求。随着十八洞村旅游等产业的发展，电力供应逐渐不能满足发展需求。2018年，花垣县供电公司投资600万元新架设10千伏十八洞专线，特别对十八洞村核心景区的线路进行了提质改造。同年9月，全村供电移交花垣县供电公司管理，农户的家庭用电方式也由老式电表率先改造为预付制刷卡购电的智能化电表。经过改造和接收，十八洞村电网电力设施焕然一新，供电能力、电压合格率全面提升，十八洞村的用电问题得到全面解决，真正让村民享受到"同网同价"的优惠政策和国家电网的优质服务，并为产业发展提供了坚强的用电保障。

2019年底，十八洞村委员会向国网湖南省电力公司提出，用电动巴士替代现有燃油接驳巴士，同时还请求国家电网帮助十八洞村提供充电桩服务，解决新能源汽车自驾游的充电问题。国网湖南电力公司组织湘西供电公司、国网（湖南）电动汽车服务有限公司相关专业人员赴十八洞村调研，发现当地的燃油接驳汽车

---

① 国家能源局：《"十三五"农村电网改造提前一年完成》，《北京日报》2020年10月19日。

不仅排放出一股股黑色的尾气，而且存在行驶中漏油现象，既影响绿色生态旅游形象，还存在严重的安全隐患。调研组与花垣县委主要领导、政府职能部门沟通汇报了相关情况，促成了新能源汽车公共充电站合作建设项目顺利签约立项，项目总投资200万元。2020年，在湘西供电公司、国网（湖南）电动汽车服务有限公司的共同努力下，十八洞村电动汽车充电站顺利建成投运，电动汽车进入十八洞村，绿色环保的交通方式大幅降低了景区的运营成本，提升了旅游品质，同时增强了贫困地区民众和游客的用能体验，降低了绿色出行成本。

3. 安全饮水

水是人类生存最基本的条件，获得安全饮水是人类最基本的需求，事关人民群众的身心健康和正常生活。农村安全饮水是指农村居民能够及时、方便地获得足量、洁净、负担得起的生活饮用水。农村饮水安全包括水质、水量、用水便利程度和供水保证率等四项评价指标。世界卫生组织统计资料显示，在发展中国家，80%的疾病是由于不安全的饮水和恶劣的卫生条件造成的，妇女儿童受影响最大。[1]要减少疾病的发生，最有效的办法就是让所有人获得安全的饮用水。农村安全饮水是民生问题中的一个根本性问题，新中国成立至2015年底，中国农村供水先后历经了自然发展、饮水起步、饮水解困、饮水安全四个阶段，自2016年起农村饮水进入巩固提升

---

① 马文军：《减少危险，促进健康——2002年世界卫生报告简介》，《华南预防医学》2003年第5期。

的新阶段。为进一步提高安全保障水平，"十三五"期间国家决定实施农村饮水安全巩固提升工程，围绕全面建成小康社会、打赢脱贫攻坚战的战略部署和目标要求，以健全机制、强化管护为保障，综合采取改造、配套、升级、联网等方式，进一步提升农村集中供水率、自来水普及率、供水保证率和水质达标率。

十八洞村因为多数年份降雨量不足1000毫米，人畜饮水十分困难。2013年，有95户村民自筹资金实施简易引水入户，还有119户村民需要到水井挑水，干旱季节要到很远的地方肩挑背驮取水。再加上水井位于低洼处，雨天水质易受污染，旱季易干枯，水质无法保障。且水井的数量有限，村民取水需排队等候，村民用水极为不便。饮水安全一直是困扰十八洞村的大问题，村民的身体健康也受到影响，部分村民因水质问题患上了地方病。

尽管附近地表水出露极少，水井水量不足，但高山有好水。十八洞村有个莲台山，山上有天然的山泉水，水位也很高，但是由于需要修建2.8公里的引水渠，村集体没有足够的资金，村民们只能远望着泉水却难以喝上。实施精准扶贫后，花垣县在全县开展饮水安全工程，县水利局在十八洞村实地踏勘，计划以莲台山上的山泉水为水源，在水源处修建蓄水池，再通过蓄水池供水进寨进户以解决全村的饮水问题。

为此，2014年，十八洞村4个自然寨6个村民小组正式实施了饮水安全工程，项目总投资120万元。目前，已实施完成水源建设2处，日产水量127立方米/天，建设了20立方米和30立方米水源水池各1座；铺设供水管道15000米，安装进户水表223块、进户水表盒

103个、变频加压泵1台、备用发电机1台、变压器1套；修建泵房1间、小洗菜池223个；在梨子寨修建20立方米的消防池1座，实现自来水入户入厨223户，解决了全村人的饮水安全问题。

饮水安全工程实施后，十八洞村充分利用得天独厚的水资源，不仅使全村人喝上了自来水，而且农田灌溉基本用水也得到了解决。因为山泉水质量好，还新办了一个日产10万瓶的矿泉水厂。

4. 公共空间

公共空间是一个不限于经济或社会条件，任何人都有权进入的地方。在那里，人们不用缴费或购票进入，或进入者不会因背景受到歧视。乡村公共空间是村民或外来游客可以自由出入，进行各种社会交往活动的公共场所，具有愉悦身心、提供公共服务等多重功能。公共性是乡村公共空间的核心属性，是维持其生存和发展的支撑条件，也是未来乡村公共空间发展的重要原则和方向。乡村公共空间的公共性体现在可达性高的公共场所、合作参与的集体行动、多元包容的空间理念、混杂复合的社会功能和公益共享的价值追求等五个方面。

乡村振兴战略的实施，使乡村公共空间迎来了新的发展机遇。无论是传统乡村公共空间，如祠堂、寺庙、古村落、古街道，还是现代乡村公共空间，如文化广场、农家书屋、综合服务中心、扶贫驿站等，都开始进入发展的"快车道"，成为乡村振兴的重要表现。随着十八洞村对外影响力的不断扩大，外来考察学习、参观旅游的客人越来越多，对公共空间的需求也日益增加，公共空间是否恰当合理直接影响到十八洞村的外界形象。

精准扶贫以来，十八洞村的旅游配套设施不断健全，乡村旅游发展的要素越来越齐全，先后新建了村级游客服务中心、村级电商服务站、苗寨特色产品店、村级金融服务站等生产生活设施；全村累计编制篱笆1000余米，栏杆改造2000余米；完成村大门升级改造，建设梨子寨公厕及梨子寨、竹子寨和飞虫寨停车场；建设景观亭两座，完成原生态安全护栏升级，为游客观景提供了安全的观景平台；完成村级民族文化展示中心的装修，让外来游客更好地了解苗乡文化；对进村公路进行美化，在进村公路两侧栽种紫薇5000余株，从村口进村沿线播撒格桑花，道路沿线全部完成绿化，进村公路变成了一条美丽的花带。

当年满是泥巴和牛粪的村道，如今成了村民休闲的公共生活空间。老村支书石顺莲感叹，现在每天晚饭后就带上孙子与左邻右舍一起在村道上散步，没想到在这个偏远的村寨，也能够享受到城市市民饭后散步的生活方式。

5.教育设施

教育也有马太效应，即越穷的地方越难办教育，越不办教育就越穷。如果一个贫困地区不办教育，那么这个地区将进入"穷"和"愚"互为因果的恶性循环。在全面建成小康社会的大背景下，抓好农村教育是阻断贫困代际传递的重要举措，是实现中华民族伟大复兴的重要组成部分。习近平总书记指出："治贫先治愚，扶贫先扶智，国家教育经费要继续向贫困地区倾斜、向基础教育倾斜、向职业教育倾斜，帮助贫困地区改善办学条件，对农村贫困家庭幼儿特别是留守儿童给予特殊关爱。"①

2013年，十八洞村学生就读的学校有两所，分别是竹子寨村小和排谷美小学。竹子寨村小仅开设二年级和学前班，其中二年级学生3名、学前班学生10名。学校师资力量薄弱，仅有的一名教师从幼儿园教到二年级；校舍十分简陋——没有围墙，操场未硬化，附属设施欠缺。就是条件较好的排谷美小学，两栋教学楼及一栋师生宿舍楼也有待维修，厕所破烂不堪需要重建，操场有一半未硬化。

实施精准扶贫以来，十八洞村加大投入，积极维修改造学校基础设施，除了修缮教室、课桌等，还特别改造了学校的食堂、厕所和运动场地，以确保满足现代教育教学需要。当前，竹子寨村小和排谷美小学的教室、厕所、食堂、操场、校门等工程改造已全面完成并投入使用。

针对竹子寨村小隔年招生、复式教学，以及高年级就读的排谷美小学设施简陋的实际情况，花垣县积极探索适合山区实际情况的教育机制，在不撤并原有教学点基础上，建立健全教师交流和支教机制，实行村小分级分班教学，启动排碧学区网络联校建设项目，共享中心校的优质教学资源，创新送教到村小的教研新模式。在此基础上，积极改善师资条件，实施村小教学点教师定向培养计划，选送乡镇初中毕业生定向培养，毕业后回本地任教；突出农村教师待遇特殊化，给予教师一定的补助。同时，注意引导各类企业、社会团体、非政府组织等开展捐资助学活动，

① 《习近平谈治国理政》（第二卷），外文出版社2017年版，第85页。

组织志愿者到十八洞村扶贫支教、培训技术技能人才，使乡村贫困群众能够获得更加优质的教育资源。

6.卫生设施

没有全民健康，就没有全面小康。习近平总书记指出，要把人民健康放在优先发展的战略地位，以普及健康生活、优化健康服务、完善健康保障、建设健康环境、发展健康产业为重点，加快推进健康中国建设，努力全方位、全周期保障人民健康，为实现"两个一百年"奋斗目标、实现中华民族伟大复兴的中国梦打下坚实的健康基础。[1]新时代加快构建完善的农村医疗卫生服务体系，既是广大农民的迫切要求，也是全面小康社会建设的重中之重。

过去十八洞村的就医条件极其简陋，全村有两个所谓的"卫生室"，分别挂牌在两个赤脚医生家。卫生室只有一些常用药品和几件简单医疗器械，连简单的注射室、药架都配备不齐，远远满足不了村民看病的需要。为解决看病难的问题，驻村扶贫工作队经过多次调研，结合实际情况在村医家完成了1所标准村卫生室建设，并按要求添置了药品、器械，便于村医兼顾农活，又方便群众就近看病。

为了让村民享受县级医院的医疗资源，有效缓解看病难题，十八洞村还与外界医疗机构成立了"医联体村卫生室"，由外界医疗机构给村民提供优质的医疗服务。湖南省第二人民医院在十八洞村建立了远程医疗点，村民可以通过视频和省城医疗专家面对面交

---

[1] 《习近平谈治国理政》（第二卷），外文出版社2017年版，第370页。

流问诊。苗寨还加入了"健康花垣　智慧卫计"家庭医生签约服务平台，为群众量身定制在线预约、转诊服务、在线咨询、健康教育、健康档案管理等服务，以方便老年人、慢性病患者、孕产妇和残疾人等重点服务人群就医。为了治未病，让村民养成健康生活习惯，村委会多次组织省、州、县、乡医疗专家卫生队伍进村开展健康扶贫义诊、健康知识讲座等公益惠民活动，既提高了村民的保健意识，又降低了患病风险。

三、人居环境

改善乡村人居环境的落后状态，建设美丽宜居乡村，是中国公共服务领域里一项重大、现实而亟待解决的问题，是实施乡村振兴战略中关于生态宜居的一个总体要求，是广大农民拥有实实在在获得感、幸福感的最直观表现形式。[①]中共中央、国务院发布的《乡村振兴战略规划（2018—2022年）》明确提出，以建设美丽宜居村庄为导向，以农村垃圾、污水治理和村容村貌提升为主攻方向，推进农村垃圾治理、农村生活污水治理、厕所革命、乡村绿化、乡村水环境治理和宜居宜业美丽乡村建设等六个重大农村人居环境整治

① 陈文胜：《大国村庄的进路》，湖南师范大学出版社2020年版，第168页。

行动①，作为实施乡村振兴战略的"先手棋"。

从十八洞村的情况来看，2014年以前，全村所有村民家中的厨房、厕所及猪、牛、羊圈条件简陋，卫生状况极差，村中垃圾乱倒、废弃物乱堆、粪污乱流、污水乱排等现象随处可见，单靠村庄自身力量难以改变人居环境落后的局面。实施精准扶贫以来，根据国家扶贫攻坚过程中农村基础设施建设、农村"五改"、农村环境综合整治和特色民族村寨建设等项目政策，十八洞村按照"治厕所、治污水、治垃圾""种树、种花、种菜""创美丽农家"的"三治三种一创"的"美丽湘西建设"要求，全面推进水、电、路、房、通信、环境治理"六到户"和危房改造、改厨、改厕、改浴、改圈"五改"，全面补齐了村庄的人居环境短板。

1. 污水处理

农村污水主要是指生活污水和生产污水。生活污水包括人和动物的粪尿水、日常生活洗衣做饭过程中产生的污水；生产污水包括养殖过程中和开设农家小作坊过程中产生的污水。污水处理一直是乡村人居环境整治的突出短板，城郊村、农区村面临的污水治理难题也不一样，但归根结底在于污水未得到有效收集。解决问题的关键是管护经费得到保障，不仅需要污水收集的"主管网"，还需要从主管道延伸至农户家的"毛细管网"，才能避免农户污水直排

---

① 中共中央、国务院：《乡村振兴战略规划（2018—2022年）》，《国务院公报》2018年第29号。

河沟。

就十八洞村而言，随着旅游、考察和交流的外来客人越来越多，餐饮、住宿、如厕等需求逐渐扩大，相比原生态状况时期，不断增加的污水不仅是如何收集的问题，同时还存在着如何处理的问题。十八洞村根据"五改"方案实施计划，将4个自然寨污水处理纳入"五改"范畴。扶贫工作队和村支两委选择先在梨子寨实施人畜分离、污水处理工程，主要包括污水处理池建设及管道铺设。农户产生的生活污水通过管道排到污水处理池，然后再将污水集中进行处理，处理完毕达到排放标准后，再排放到自然生态区域，进行自然处理。

到2020年11月，污水处理设施建设基本完工，梨子寨管网铺设全部完成，污水处理池投入使用，基本能够满足梨子寨及游客的正常污水处理；竹子寨管网铺设也基本完成，累计开挖3200余米，管道铺设3200余米；飞虫寨接户管道1900米，主管道1000米；当戎寨接户管道1000米，主管道1000米。与此同时，十八洞村还建成了一座日处理20吨污水的处理池，污水处理设备已安装、复土并完成调试，准备投入使用。

十八洞村生活污水处理设施建设项目，有效地改变了十八洞村污水横溢、臭水乱流的现象，减少了直排到自然界中的生活污水，保护了十八洞山泉水工厂的生产环境，巩固了十八洞村的水环境整治成效，是一项让老百姓有获得感、幸福感、安全感的民生项目。

2.垃圾治理

在自给自足的传统村寨，基本没有村庄之外的生产和生活垃圾进入。随着改革开放的全面推进，市场主导着农村生产、生活消费的各个方面，石化农业的工业产品和生活消费一次性使用的包装商品均是廉价物品，使用领域和群体最为广泛，导致"现代化"垃圾全面"上山下乡"呈现不断加速的趋势。[1]据统计，国内垃圾的年产量在农村地区大约有3亿吨，只有1/3的垃圾被收集加以处理，剩余的垃圾没有经过任何处理被随意倾倒、丢弃。[2]农村生活垃圾污染问题，既影响村容村貌的整洁和美观，还造成水质、土壤的污染，引起农村人居环境恶化，影响农民群众的身体健康。因此，农村垃圾治理作为乡村振兴战略的重要内容和改善农村人居环境的主攻方向，其治理成效直接影响着乡村宜居宜业的程度。

2014年以前，十八洞村人畜粪坑露天设置，农膜、农药瓶等有害垃圾随意丢弃在田间地头，柴草乱堆且直接焚烧，家禽散养，公共环境卫生呈现"脏、乱、差"景象。包括十八洞村在内的周边区域，即使有一些生活垃圾的处理，但大多只是垃圾转移，即从有人居住的地方转移到无人居住的地方，垃圾的最终集中地仍然与当地村民相邻。这种处置方式所造成的后果反而是污染源的扩大，因为一到暴雨期就势必会污染到周边更大的区域。

就乡村环保设施等公共服务而言，十八洞村所在地总体上处于

---

① 陈文胜、王文强：《农村生活垃圾的环境污染问题与对策》，《湖南社会科学》2007年第4期。

② 张立秋：《农村生活垃圾处理技术指南》，中国建筑工业出版社2017年版，第1页。

空白状态，乡、村自身不具备垃圾处理能力。比如生活垃圾的收集系统，单凭所在地的乡、村力量显然不太现实，因此只有简单的转移处理，甚至掩埋都未能进行。环境保护能力欠缺带来农村环境保护意识弱化，村民对生活环境的保护漠然处之。有些人把自己家里打扫得干干净净，却把垃圾随意倒在家门之外，使得村庄环境脏乱不堪。

2015年国家印发的《生态文明体制改革总体方案》提出，要加快建立垃圾强制分类制度的要求。[①]垃圾分类是改善农村人居环境的一个重要措施。花垣县作为垃圾分类试点县，一直在思考如何把人居环境综合整治与美丽乡村建设结合起来——既能够让农民很好地理解，又能够有很好的操作办法。经过调研与讨论，最后确定了农户分类、村定时收集、集中处理的工作流程。为推进十八洞村的垃圾分类工作，花垣县环保局多次进村举行垃圾分类知识培训会，让村民了解什么是垃圾分类、垃圾分类能带来什么好处、如何做好垃圾分类等。

在管理方面，十八洞村推行党员责任制，把全村党员分到8个责任区，分别牵头负责该区域的卫生、治安管理等事务；制定保洁卫生管理制度，强化对保洁员的管理，对保洁员实行考核，要求保洁员每天早晚对负责区域各打扫一次，全天候保持区域卫生干净整洁；加强规模化养殖污染治理，实行统一卫生规范养殖，取缔和规范两个畜禽养殖场。

在设施建设方面，十八洞村建立了两处垃圾分类收集点，共70

---

① 《垃圾分类大事记》，《人民日报海外版》2018年08月27日第5版。

平方米，其中竹子寨垃圾分类房已建设完成，能满足梨子寨、竹子寨常规垃圾分类处理。全村225户农户每户均发放两个以上垃圾处理桶，建成6个垃圾处理池，实现垃圾分类处理、就地消化，按照垃圾集中焚烧的要求，新建6个垃圾集中焚烧处理炉。

在技术方面，通过"现代收易"企业的支持，十八洞村打造了整套垃圾分类智能系统，包括"收瓶多"智能饮料瓶回收机、"收宝多"共享回收袋及软件开发运行、垃圾分类回收大数据平台等。这套系统符合村民生活习惯，使用起来方便快捷，具有良好的效果。为了提高可回收垃圾的收集率，苗寨创新"精准智能回收+共享回收"模式，引领"绿色消费"和"美丽乡村"建设。围绕打造国内首张乡村"互联网+共享经济"生活垃圾分类地标名片，有关方面还建立了对十八洞村垃圾分类行为进行全方位数据统计分析和考核的数据管理平台，包括可回收物种类、回收量、回收准确率、环保数据排名等信息，实现了十八洞村再生资源的网络化、信息化、数据化。

3. 能源变革

在现代化进程引发乡村社会变迁的所有变量中，科技创新为加快乡村的现代化转型带来了难以想象的动力。其中最为突出的是农村燃料系统在最近十几年发生的革命性变化，即电、气替代了柴，农村生态环境在这方面承受的压力得到巨大缓解。

由于经济与科技水平的双重局限，十八洞村原来的生活燃料主要是柴，导致生态环境受到较大程度的破坏，具体表现为：农户生活用能一户一个大火塘、一个三口大锅"老虎灶"，都要伐木取薪，对森林破坏较大，部分地方出现水土流失，自然灾害频繁，人们的生产生活条件逐年下降。

在乡村生态环境不断恶化的严峻形势下，如何开发利用好农村新能源，保护森林资源和植被，解决农村用能困难，成为迫切需要解决的问题。在扶贫工作队和村支两委的共同努力下，综合考虑十八洞村的实际情况，最终确定了十八洞村能源革命的主要内容：每户新建3口锅节能灶、1个成品节能灶，厨房地面硬化，安装整体厨柜，新建20平方米厨房。从整个村的建设规模来看，总共新建3口锅节能灶201户，成品节能灶217户，硬化地面142户、2887平方米，安装整体厨柜217户，新建厨房150户。

节能灶的建设改变了过去能源利用不集中的现象，减少了能源的消耗。同时，新的节能灶可以使用多种能源，不再局限于柴。通过能源革命，十八洞村减少了村民对周边森林的砍伐，保护了生态环境，有效避免了水土流失，推进了村民生产生活方式的现代化转型。

4. 厕所革命

中国如何用有限的耕地养活了世界上最多的人口？美国学者富兰克林认为，这是因为中国使用以家肥为主的有机肥使土壤保持了几千年肥力而不下降。[1]没有粪便臭，哪有五谷香。由于农业生产

---

[1] ［美］富兰克林·H.金：《四千年农夫》，程存旺、石嫣译，东方出版社2011年版，第113页。

的需要，粪便一直是中国农村传统的基本肥料资源，自家人口少、粪便不足的，甚至还会前往机关、学校、城镇购买粪便作为肥料。农民不仅对祖辈相传的粪坑所造成的苍蝇横飞、臭味弥漫习以为常，而且还像美国社会学家葛学溥所观察的那样：每天都从便池舀起液体粪便，穿过村落挑到田间，给农作物施肥。①随着工业化、城镇化的推进，农业的生产环境与农民的生活环境发生了前所未有的变化，如何合理收集处置粪肥使之既为农业所用又不污染环境，是中国乡村可持续发展所普遍面临的现实问题。

国家旅游局发布的《厕所革命推进报告》指出，中国农村地区80%的传染病是由厕所粪便污染和饮水不卫生引起的。②习近平总书记指出：厕所问题不是小事情，要把这项工作作为乡村振兴战略的一项具体工作来推进，努力补齐这块影响群众生活品质的短板。③在十九届中央全面深化改革领导小组第一次会议上通过的《农村人居环境整治三年行动方案》中，以厕所之点带乡村振兴之面，把农村"厕所革命"上升至国家层面，要求合理选择改厕模式，推进改厕与农村生活污水治理的有效衔接，结合各地实际将厕所粪污、畜禽养殖废弃物一并处理并资源化利用。④中央财政从2019年开始，用5年左右的时间对农村"厕所革命"给予资金补贴

---

① ［美］丹尼尔·哈里森·葛学溥:《华南的乡村生活——广东凤凰村的家族主义社会学研究》，周大鸣译，知识产权出版社2012年版，第39页。

② 国家旅游局:《厕所革命推进报告》，《地球》2017年第6期。

③ 《习近平谈治国理政》（第三卷），外文出版社2017年版，第341页。

④ 中共中央办公厅、国务院办公厅:《农村人居环境整治三年行动方案》，《国务院公报》2018年第5号。

支持。

　　十八洞村与中国绝大部分山区农村一样，因为农业生产的需要，传统的厕所也是以旱厕为主。旱厕一般是指蹲坑下面有一个贮粪池或粪缸等埋入地下，用来贮藏粪尿的厕所，在贮粪池或粪缸上搭有木板，部分条件较好的家庭对蹲坑周边进行了水泥硬化。旱厕典型的特征就是没有冲水设备，这是因为可用水源不足。一旦遇到干旱天气，饮用水都有可能溃乏，即使后来有了自来水，但断流也时有发生。因此，改建水冲式厕所难度较大。农村绝大多数旱厕与猪圈共处一地，为蚊蝇滋生提供了生存环境。携带细菌、病毒的蚊蝇在人群中传播，导致菌痢、甲型肝炎等多种疾病的发生和流行。同时，旱厕滋生的蚊蝇随意沾染食物，容易引发食品安全问题，威胁人们的生命健康。

　　十八洞村在实施改厕时并不顺利。对于贫困村的农民而言，"厕所革命"是看不到直接收益而浪费钱财的建设。有些习惯了扶贫"买单"的贫困户甚至认为改厕是政府的工作要求，所以既不想掏钱也不想投工。一些村干部和村民担心如果集中排污不能达标，反而会对村庄环境造成更大危害。在项目实施过程中，有的农户改厕工作和污水集中处理系统工程相继完成，但因连接管网未明确具体责任部门——花垣县改厕工作主要责任部门有县美丽办①、县农业农村局、县住建局、县卫健局等4个部门，存在着多头指挥、多头检查的问题，导致农户无法用上卫生厕所。

　　为了解决这些问题，花垣县委、县政府提出明确要求，充分遵

---

① 全称：花垣县建设美丽湘西领导小组办公室。

从群众的意愿，因地制宜，不搞"一刀切"，采取"以奖代补"和"委托代建"相结合的方式因户施策，对于水源充足的推广水冲式厕所，对于水资源缺乏的则推广简易式卫生厕所（非水冲式）。农户自建的，政府分三个标准进行补贴，简易改厕的补贴1500元，旱厕改厕的补贴2500元，水冲式改厕的补贴3500元。

当然，对于不同农户也需要采取差异化的改造模式。继续从事农业生产的农户，考虑到要使用农家肥种植蔬菜等农产品，就仍然沿用苗族传统的旱厕式改造进行建设。因为人畜粪便等有机肥一旦全部当作垃圾进入下水道排放，农业生产所依赖的农家肥就会走向灭绝。农业生产"一粪难求"后，必然导致对化肥的依赖性与日俱增，绿色兴农与化肥农药减量行动就难以推进，最终导致耕地不断被酸碱化，农业生物链被破坏，农产品质量不断下降，农业发展难以持续。对于从事农家乐、民宿等乡村旅游的农户，考虑到游客不方便上旱厕的情况，应该引导这类农户将厕所改造成与城市一样的水冲式厕所，改善厕所的卫生状况。

通过"厕所革命"，十八洞村水冲式卫生厕所比重明显提高。2020年，梨子寨28户和竹子寨58户全部改造完成，污水处理系统同步完成，污水处理正常运行。可以说，乡村厕所改造是缩小城乡差距的重要一环。过去，众多的城市居民前往农村，最大的心理障碍就是在农村上厕所，随着厕所问题的彻底解决，十八洞村成了越来越多的城市居民观光度假和休闲旅游的胜地。

结　语

　　回望中国扶贫的历史演进，从20世纪80年代开始，按照当时的扶贫标准把贫困人口减到3000万人左右后，进展便减缓了。十八洞村作为"精准扶贫"的首倡地，是中国脱贫攻坚历程中的一个重要节点。"精准扶贫"在2013年从这里出发走向全国，历时近7年，到2020年底，全国现行标准下农村贫困人口全部脱贫，全国832个贫困县全部摘帽。这一中国扶贫史上的伟大创举，成为新时代中国脱贫攻坚伟大实践具有标志性意义的中国智慧和中国方案。

一、"不能没有变化"，十八洞村发生了哪些根本性的变化？

　　首倡之地，举国瞩目。按照习近平总书记的要求，十八洞村的脱贫"不能搞特殊化，但不能没有变化"。在决战脱贫攻坚收官后，十八洞村到底发生了哪些根本性的变化？

　　在马克思、恩格斯看来，由农业为主的乡村文明不断向以工商业为主的城市文明变迁的发展进程，"城乡之间的对立是随着野蛮向文明的过渡、部落制度向国家的过渡、地域局限性向民族的过渡而开始的，它贯穿着文明的全部历史直至现在"①，以乡村血缘族亲维系的生存方式不断瓦解，既是生产力不断发展的历史进程，也是人类文明不断进步的历史进程。在中国工业化、城镇化进程中，存在的最突出的问题是"城市像欧洲、农村像非洲"的城乡发展二元性，最根本的就是传统农业社会与现代工商业社会的二元性。因此，"精准扶贫"带来传统村落的变化，并非仅仅只是财政投入带来农民经济状况脱贫的变化，最根本的变化是传统农业社会向现代工商业社会的全方位变迁。

---

① 《马克思恩格斯文集》（第一卷），人民出版社 2009 年版，第 556 页。

十八洞村最直观的变化就是村容村貌焕然一新。没有大拆大建，按照"人与自然和谐相处，建设与原生态协调统一，建筑与民族特色完美结合"的建设总原则，以"修旧如旧""把农村建设得更像农村"为理念，全面推进改水、改厕、改电、改路、改厨等基础设施建设，实现了水、电、路、房、通信、环境治理"六到户"，家家通上了自来水、户户用上了放心电。十八洞生态停车场、十八洞生态酒店、十八洞百米游步道、古井保护与维修及核心景点梨子寨精编竹篱笆、青石古道铺装、民居提质改造等全面完工，升级改造的村小学和卫生室，新建的村级游客服务中心、村级电商服务站、苗寨特色产品店、村级金融服务站和村级民族文化展示中心，现代化的设施与青山环抱、古色古香的苗家木楼融为一体。2018年10月，十八洞村获评"中国美丽休闲乡村"。

十八洞村最实在的变化是经济发展的获得感。村民人均纯收入从2013年的1668元增加到2019年的14668元，彻底告别了绝对贫困的历史，走向生活全面小康。

十八洞村最根本的变化是传统村落的社会发展变革。生产方式发生变化，过去苗寨基本以水稻、玉米、烤烟、生猪、山羊等简单的种植业、养殖业为主，生产主要是为了满足自家需要，现在新增了猕猴桃、黄桃、黄牛、茶叶、稻花鱼、蜜蜂等多个品种的种植养殖，生产大多是为了满足市场的需要。过去手工生产的传统苗绣服装大都是自己穿，现在生产主要是为了卖给别人；过去生产的苗家酒都是自己喝，现在也成了商品。随之而来的是，饮食结构由与世隔绝的单一结构向与外界流通的多元食品结构变化。最核心的是就业结构的变化，村民过去以务农和外出务工为主，现在旅游业的发展带来了餐饮、民宿、摊贩、文旅产品加工等新业态。村寨就业岗位有旅游公司的管理人员、讲解员、保洁、保安，有民宿、农家乐、摊贩的经营者及其厨师、服务员等，甚至有直播带货的"网红"。这带来了工资性收入结构与经营性收入结构的变化，比如银行、税务、保险、邮局等行业进驻十八洞村，使村民房屋出租的财产性收入大幅度增加。不仅农民由农业向非农职业不断分化，而且越来越多的外来陌生人不断进入这个村寨的"熟人社会"。习近平总书记来到苗寨时，很多村民听不懂普通话也不会讲普通话，现在基本上都能听懂普通话也会讲普通话了。特别是精准扶贫工作队进入村庄后，使国家权力发生了由"皇权不下县"到人民公社时代的"政社合一"不下村、改革开放后"乡政村治"不下村到"县政"越过乡镇直达村庄的治理模式的重大变化。可以说，十八洞村发生的前所未有的根本性社会发展变革，是村寨的社会人口结构、家庭结构、人际结构、治理结构的全方位变迁。

十八洞村的现代变迁，并非一个"盆景"，而是中国扶贫攻坚进程中的一道美丽风景。

二、"可复制可推广"，十八洞村有哪些基本经验？

只要仍处于物质和精神财富没有极大满足的社会主义初级阶段，相对贫困的不平衡不充分发展的现象就难以避免。这就需要发挥社会主义的制度优势和共产党的政党优势，突出超越利益群体的引领作用，把加强党的领导贯穿脱贫攻坚的全过程，平衡国家权力相对于社会的自主性和嵌入性。为了打赢脱贫攻坚决战，湖南始终坚持党对脱贫攻坚工作的全面领导，明确省委是"总前委"、市委书记是"纵队司令"、县委书记是"一线总指挥"、乡镇党委书记是"主攻队长"、村支部书记是"尖刀排长"，从而全面发挥了党委总揽全局、协调各方的作用，形成了省市县乡村五级书记一起抓，上下贯通、一抓到底的战斗阵型，为脱贫攻坚提供了坚强政治保证，这是一条最基本的中国经验。

按照"不栽盆景，不搭风景"的要求，十八洞村的精准扶贫样本，探索了一条"五个结合"的精准扶贫之路：在扶贫对象识别上不搞暗箱操作，注重公开公平与群众满意相结合；在内生动力激发上不搞空洞说教，注重典型引路与正向激励相结合；在发展扶贫产业上不搞大包大揽，注重统筹布局与因地制宜相结合；在基础设施建设上不搞大拆大建，注重留住乡愁与彰显美丽相结合；在攻坚力量统筹上不搞孤军奋战，注重发挥基层党组织堡垒作用与党员干部先锋作用相结合。这些做法获得了习近平总书记的批示肯定，被称为可复制、可推广的精准扶贫"湘西经验"。

十八洞村的经验让人信服的地方就是其始终脚踏实地，以十八洞村现有的自然条件为依托，把十八洞村的内生动力调动起来。如果把十八洞村所有的房子全部大拆大建，引进一些高不可攀、高大上的产业，通过一两年的扶贫，即使农民的收入翻了若干番，但却不一定可复制、可推广。尽管十八洞发展模式速度较慢，与发达地区相比其发展水平不是很高，但和自己相比有变化，是一个比较真实的、看得见摸得着的脱贫模式。

三、"农业农村优先发展"，十八洞村如何补齐短板？

农业农村的短板决定着整个社会发展的水平，中国要实现现代化，关键在农业农村。因此，习近平总书记强调："小康不小康，关键看老乡。"党的十九大报告首次提出农业农村优先发展，使农业农村的发展摆在了一个前所未有的国家战略高度，从而将工业与农业、城市与乡村、城镇居民与农村居民作为一个整体纳入全面建成小康社会和现代化建设的全过程中，从根本上改变了农业与乡村长期从属于工业与城市的现状，实现了首先满足工业化和城镇化的需要到优先满足农业农村发展的需要这样一个历史转轨。2018年的中央一号文件又进一步明确"在干部配备上优先考虑，在要素配置上优先满足，在资金投入上优先保障，在公共服务上优先安排"，以补齐农业农村发展短板，缩小城乡差距，实现城乡平衡充分发展，不断提升广大农民群众的获得感、幸福感、安全感，使农民能够平等地参与现代化进程、共同分享现代化成果。

2013年习近平总书记到十八洞村考察后，在政府投入和社会投入的帮扶下，十八洞村的基础设施建设、基本社会保障、基本公共服务有了质的提升。根据调研获得的数据显示，投入分为三大部分：一是政府财政投入的建设资金为4547万元。二是社会捐赠，大约为500万元。这两大部分主要用于水、电、路、通信等基础设施的民生工程，包括先后投资200万元对225户农户旱厕实行"全覆盖"改造，投资430万元建设污水处理系统，县供电公司投资600万元新架设10千伏十八洞专线。三是社会资本投入。自2014年以来，十八洞村先后注册了"十八洞村"品牌35类72个商标，以无形资产的形式合作，获得了步步高集团投入山泉水厂的3千万元、苗汉子公司投入猕猴桃产业的4千万元、旅游公司的投入4千多万元。

从中国发展的现状来看，城乡发展不平衡、乡村发展不充分已经成为中国社会不能满足人民对美好生活需要矛盾的主要方面，优先投入农业农村发展，以破解城乡发展不平衡、不充分难题，是中国社会发展的必然要求，也是不能回避的现实问题。我国拥有集中力量办大事的社会主义制度优势与政治优势，它可以形成脱贫攻坚的强大合力，形成全社会的共同行动，回报农民对中国现代化建设作出的巨大贡献。

四、全面小康了，十八洞村还有没有返贫风险？

按照十八洞村第一任扶贫工作队队长龙秀林的说法：在湘西有一个苗寨，总书记时刻牵挂于心；在湖南有一个农村，用"把农村建设得更像农村"的理念被打造成了中国乡村旅游最火爆的景点；在中国有一个贫困村，通过统一思想激发内生动力，成为中国精准扶贫的发源地，这就是火爆全国的十八洞村。

可以说，十八洞村全面完成了习近平总书记要求的"两不愁，三保障"脱贫攻坚任务，从根本上摆脱了贫困，实现了全面小康。但十八洞村离生活富裕的要求差距还很大，如2019年十八洞村的村民人均纯收入为14668元，人均月收入1200多元。而2019年湖南省农村居民人均可支配收入为15395元，全国农村居民人均可支配收入为16021元。1983年邓小平到苏州考察提出"小康"的目标时，苏州的人均纯收入就接近800美元了。因此，要准确地认识到差距，要理性地看待这个问题，要继续努力，不能骄傲，不能懈怠。

十八洞村脱贫还是脆弱的，这个问题不只在十八洞村，在其他脱贫村也同样存在，一些农户随时都有返贫的可能。

第一是产业风险。因为市场经济必然有市场风险，猕猴桃等农业产业还同时有自然风险，而目前的扶贫产业不少是外部"输血式"，一旦各方扶持减弱，部分基础不牢的产业可能难以为继；一些雷同产业、过剩产品在失去对口支援后，可能出现滞销风险。

第二是大病风险。农村医保体系应对小病问题不大，但遇到大病，却存在保障力度不够的问题，这也是导致返贫的最可能的原因。

第三是就业风险。2019年，十八洞村脱贫的主要收入来源77.3%是靠外出务工，而当下国内外的经济形势复杂，给依赖于外贸企业的外出务工收入带来了很大的不确定性。

第四是思想上的返贫风险。有些脱贫户日子过得好一点就沾沾自喜，不仅思想滑坡，而且习惯了被特殊化照顾，"等靠要"思想复苏，不愿艰苦奋斗。因此，如何全面巩固脱贫攻坚成果，推进乡村全面振兴，实现农业强、农村美、农民富的目标任重而道远。

五、十八洞村故事，中国故事

十八洞村的一小步，是中华民族第一个百年梦想的一大步。全面建成小康社会寄托着中华民族的百年梦想，也浓缩了中国共产党人矢志不移的百年初心。

十八洞村是千万个中国故事中的一个，它代表中国农村地区，特别是贫困村庄，见证了世界上最大的发展中国家——中国是如何让数亿农民实现从解决温饱到摆脱贫困、从总体小康到全面小康的转变；见证了历史性地解决中华民族千百年来绝对贫困问题的伟大进程；见证了中国共产党如何兑现向人民向历史作出的庄严承诺，成为社会主义优越性的生动注脚。

讲好了十八洞村的故事，就讲好了中国故事。十八洞村的精准扶贫模式和经验，不仅是一曲中华民族改变命运、迈向全面小康的壮丽凯歌，更是世界反贫困领域具有标志性意义的中国故事。

后 记

　　"精准扶贫"方略是2013年11月3日习近平总书记到湖南湘西十八洞村考察时首次提出的重要理念。它在扶贫思路与扶贫方式上的最大变革主要体现在扶贫脱贫对象由区域转移到精准的贫困家庭和贫困人口。实践证明，它真正解决好了扶贫工作中长期以来就存在的"谁来扶、扶持谁、怎么扶、如何退"四大难题，是最具特色的理论创新和实践创新。

　　作为"精准扶贫"首倡之地，十八洞村按照习近平总书记提出的"实事求是、因地制宜、分类指导、精准扶贫"的要求，扛起了首倡地的政治责任，努力走好了精准、特色、可持续的发展之路。2017年，作为湖南第一批脱贫摘帽村之一，十八洞提前进入全面小康社会，并荣获"全国脱贫攻坚楷模"称号，书写了十八洞村"矮寨不矮、时代标高"的时代传奇，成为湖南乃至全国脱贫攻坚的生动注脚与历史地标。

　　讲好首倡之地的首倡之为，无疑是湖南学人的责任担当与时代使命。应湖南人民出版社的邀请，我领衔组建了由湖南师范大学中国乡村振兴研究院陆福兴、湖南师范大学中国乡村振兴研究院瞿理铜、湖南省社会科学院王文强、湖南省社会科学院蒋俊毅、湖南省社会科学院彭秋归、吉首大学丁建军等专家学者组成的十八洞村脱贫攻坚研究团队，我们希望通过我们的研究工作，阐释好十八洞村的历史巨变，记录传播好十八洞村村民追求美好生活的生动故事，提炼出有学理性有规律性的乡村现代变迁理论。

为了深入、真实、生动地展示十八洞村的奋斗历程，研究团队多次深入苗寨调研，挨家挨户进行走访，逐一与村民进行面对面的交流，还通过与村民集体座谈的形式，多方面多角度地搜集资料。随着调研的深入，我们对十八洞村的脱贫经验、脱贫精神以及脱贫模式有了较为清晰和完整的认识。

在本书的创作过程中，我们从国家宏观视域与村庄微观视角入手，将文件材料与现实情况进行对照分析，用理论分析与故事叙述并用的方式进行叙事。经过艰苦的协作与努力，本书终于顺利完成。全书共分八章，其中导语、结语由我负责撰写，第一章由蒋俊毅负责起草，第二章由丁建军负责起草，第三章由陆福兴负责起草，第四章由彭秋归负责起草，第五章由王文强负责起草，第六章由瞿理铜负责起草。全书文献及资料的复核工作由我的学生、湖南师范大学中国乡村振兴研究院博士研究生李珺完成。全部书稿由我经过三次全面修改完成。

这本书能够顺利出版，要特别感谢湘西土家族苗族自治州州党委和州政府、花垣县县委和县政府的大力支持！要特别感谢十八洞村驻村扶贫工作队以及十八洞村党支部和村委会、村民的全方位协助！要特别感谢湖南人民出版社的厚爱！尤其要感谢吴向红等责任编辑的辛勤付出！更要感谢全国人大农业与农村委员会陈锡文主任、中国农业大学李小云教授在百忙之中为本书作序！并衷心感谢研究团队的通力合作！

需要说明的是，书中部分数据、案例系引自访谈内容、媒体报道、政府文件材料及网站资讯，在此特致以真诚的谢意。本书如有错误和疏漏之处，敬请广大读者批评指正。

陈文胜

2021年7月22日